Golmyn ist das Pseudonym der aus dem Balkan stammenden Verfasserin.

Aufgewachsen ist sie in einer Künstler- und Heilerfamilie (ihr Vater war Charakterologe und Handanalytiker und von Beruf Bildhauer, die zwei Großmütter waren Naturheilerinnen). Auf diese Weise wurde sie bereits in ihrer Jugend mit der Geistigkeit des Daseins konfrontiert. Nach dem Abitur in ihrer Heimatstadt studierte sie an der Sporthochschule in Sofia. Auf die Dauer jedoch fand sie keine Befriedigung am Leistungssport und begann das Studium der Slawistik, Geschichte und Philosophie an der philosophischen Fakultät der Karlsuniversität in Prag.

Nach ihrer Heirat 1967 wanderte sie in die Bundesrepublik Deutschland aus. Drei Jahre später zog sie mit ihrer Familie in die Schweiz, wo sie immer noch wohnhaft ist. Seit 15 Jahren beschäftigt sie sich mit Numerologie und Geistheilung.

Alisha

Esoterik

Herausgegeben von Gerhard Riemann

Dieses Buch wurde auf chlor- und säurefreiem Papier gedruckt.

Völlig neu bearbeitete Ausgabe, April 1992,
des gleichnamigen ECON Taschenbuches (März 1987)
© 1992 Droemersche Verlagsanstalt Th. Knaur Nachf., München
Umschlagillustration Peter F. Strauss
Satz DTP ba · br
Druck und Bindung Ebner Ulm
Printed in Germany
ISBN 3-426-86011-2

Golmyn

Das Schicksal in den Zahlen

Lebenshilfe durch Numerologie

Inhalt

Vorwort 9
  Polarität 11
  Schwingung 12
  Die Ganzheit der Natur 13
  Karma 14

Die Buchstaben des Alphabets und ihre Be-Deutung .. 17
  Die Bedeutung der einzelnen Buchstaben 18

Zahlenwerte der Buchstaben 28
  Zahlenwerte des Alphabets 29
  Allgemeine Deutung der einfachen Zahlen nach der Polarität 31

Persönliche Zahlen 32
Namenszahl (NZ) 32
  Die positiven und negativen Eigenschaften der Namenszahlen 35
Herzzahl (HZ) 56
Persönlichkeitszahl (PZ) 57

Namenskorrekturen 60

Geburtsdatum (kosmisches Karma) 65
Geburtstagszahl 66
  Bedeutung der Geburtstagsdaten 67

Geburtsmonat 76
  Sympathie der Zahlen 78
  Entsprechungen der Tierkreiszeichen (Partnerschaften) 79
  Bedeutung der 4 Elemente 81
Jahreszahl 81
Deutung der einzelnen Jahrestage 84

Schicksalszahl (Lebensweg) 89
  Die Bedeutung der Schicksalszahl (Lebenswegzahl) .. 89

Der Zahlentyp und seine Entsprechungen in der Außenwelt 96
Die Farben 96
Edelsteine und Metalle 103
  Tabelle der Zahlentypen und ihrer Entsprechungen ... 112

Günstige Länder, Wohn- und Urlaubsorte 115

Zahlenfiguren 118

Nachwort 123

Literaturhinweise 127

Wer andere erkennt, ist gelehrt.
Wer sich selbst erkennt, ist weise.
Wer andere besiegt, hat Muskelkräfte.
Wer sich selbst besiegt, ist stark.
Wer zufrieden ist, ist reich.
Wer seine Mitte nicht verliert, der dauert.

Laotse

Vorwort

Liebe Leser,

dieses Buch ist der bescheidene Versuch, ein wenig Licht auf die Geistigkeit unseres Lebens zu werfen, und zwar aus einer nicht alltäglichen Sicht.
Nämlich aus der Sicht der Numerologie.
Tagtäglich arbeiten wir mit den Zahlen – im Beruf, beim Einkaufen, bei der Planung unserer Anschaffungen oder Reisen usw. Jedoch nur wenige von uns wissen, daß die Zahlen eine innere, verborgene Bedeutung haben.
Die Zahlen sind Symbole. Jede einzelne (einfach oder zusammengestellt) ist für eine bestimmte Art von Energie zuständig.
Mit ihren Wellen und Schwingungen beeinflussen sie die anderen Energiequellen (Zahlen), und gleichzeitig lassen sie die anderen auf sich wirken.
In seinem Werk »Les Memoires de Zeus« sagt Maurice Druon ganz treffend folgendes:
»Die Zahl ist Wort, aber nicht Rede. Sie ist Welle und Licht, aber niemand kann sie sehen. Sie ist Rhythmus und Musik, aber niemand kann sie hören. Sie hat unendliche Variationen, und doch ist sie unverständlich. Jede Form des Lebens ist eine besondere Art des Widerhalls der Zahl.«
Die alten Kulturen wußten viel über die Deutung und Bedeutung der Zahlen. Sie machten Gebrauch davon, nicht nur bei den Berechnungen der Gestirnenbahnen und bei ihren Bauten, sondern auch bei der Deutung des menschlichen Geschicks in Zusammenhang mit den Zahlen. Vor allem die alten Mayas, Ägypter und Chaldäer beschäftigten sich sehr gründlich mit der esoteri-

schen Bedeutung der Zahlen. Auch Pythagoras und seine Schüler wußten, daß alles im Universum nach einem bestimmten System geordnet ist – »nach Zahl und Maß«.
Jedes Lebewesen, jeder Begriff, jedes Ding, das einen Namen trägt oder gar einen Geburtstag (oder ein Gründungsdatum) hat, ist wie eine Lochkarte, die mit ihren Zahlenwerten durch den Weltcomputer geht. Darum sprechen die Esoteriker davon, daß es keinen Zufall gibt.
An dieser Stelle möchte ich ein paar grundsätzliche Begriffe der Esoterik erklären:
Das Wort Esoterik selbst kommt vom griechischen »Esoteros« und bedeutet »das Innere«. Esoterisch denken heißt inhaltlich denken. Man sucht dabei nach Antworten auf die Fragen:

– Wer bin ich eigentlich?
– Woher komme ich?
– Was ist das um mich herum? In welchem Verhältnis stehe ich zu den Dingen und den Menschen, mit denen ich in Kontakt komme?

Die Esoteriker setzen sich mit den kosmischen Gesetzen auseinander, wissend, daß nichts im Universum wirklich verlorengeht und alles nach Gesetzmäßigkeit und einem superintelligenten Plan funktioniert.
Der richtige Esoteriker ist kein Träumer. Er steht mit beiden Füßen fest auf dem Boden, stets auf der Suche nach den verborgenen Wahrheiten, die ihm ermöglichen, das eigene Selbst zu ergründen. Solch ein Suchender ist auch ein entschlossener Praktiker. Die Gesetzmäßigkeiten, die er erforscht, setzt er sofort in die Praxis um. Was sich dann im Leben bewährt, ist gut, praktikabel, und so fährt er in dieser Richtung fort ... Das, was keine Verwendung hat, ist Dogma, Ausflucht aus der Realität oder spielerische Phantasterei – davon distanziert er sich. Das Ziel aller seiner Bemühungen ist Selbsterkenntnis, Menschenkenntnis und Antwort auf die Fragen: »Wohin und warum?«
Selbstverständlich sind die Wege, die zur Erkenntnis führen,

vielfältig und gar nicht einfach. Die verschiedenen kabbalistischen Lehren aber, wie Handanalyse, Mantrik, Farbenlehre und Numerologie, geben jedem von uns die Möglichkeit, interessante und fruchtbare Forschungen hinter den Kulissen des Sichtbaren zu unternehmen.
Eingeweihte aller Zeiten haben bei der Erforschung der Universalgesetze und bei der Erprobung ihrer Methoden eine enorme Menge von spirituellem Gut hinterlassen. Dieses Material wird besonders heutzutage, im Wassermannzeitalter, wieder entdeckt und ergänzt. Die Arbeit damit ist nicht immer leicht, denn hier haben wir es mit tiefen Wahrheiten zu tun, die genauso unendlich sind wie das All selbst. Jedoch jeder, der sich eingehend mit Esoterik beschäftigt, weiß, daß der Mensch da ist, um zu lernen, sein geistig-seelisches Potential ständig zu verbessern, seine Persönlichkeit weiterzuentwickeln und so zur geistigen Vollendung zu gelangen.
An dieser Stelle möchte ich einige der lebenswichtigen Gesetze erwähnen, »von denen nichts in unseren Schulbüchern steht« (Shakespeare).

Polarität

Es gibt nichts in der Welt der Erscheinungsformen, das nicht polar ist. Täglich sind wir alle gezwungen, grundsätzlich zwischen zwei Möglichkeiten zu wählen – uns für oder gegen etwas zu entscheiden. Dies liegt an unserer Art, polar zu denken und zu fühlen. Wir sind für Gesundheit, gegen die Krankheit, für Frieden, gegen den Krieg und sehen eine Gegensätzlichkeit zwischen Begriffen, wie z. B. männlich und weiblich, Geist und Körper, Tag und Nacht, Licht und Schatten. Dabei übersehen wir, daß hinter jeder Polarität eine *Einheit* steht.
Jedes Ding und jeder von uns hat eine »Licht- und Schattenseite« – aber zusammen bilden sie ein Ganzes. Die Kenntnis dieses einfachen Gesetzes, vorausgesetzt, man verwendet es im tägli-

chen Leben, kann uns im Kontakt mit unseren Mitmenschen und bei der Bewältigung unserer Probleme sehr nützlich sein. Das Wissen um die Einheit und Polarität der Dinge kann uns von Vorurteilen und Illusionen befreien, die uns dazu verführen, intolerant zu reagieren. Es wird uns lehren, die Situationen und die Menschen (uns selbst inbegriffen) so zu nehmen, wie sie wirklich sind, und nicht so, wie wir sie haben möchten.

Die Einsicht, daß »jedes Ding zwei Seiten hat«, kann uns vor dem unnötigen Verbrauch von Energie (auch Gefühle und Gedanken sind Energien) zur Bekämpfung von unerwünschten Charakterzügen und Ereignissen bewahren. Wir werden frei, uns zu entscheiden, ob wir die gegebenen Situationen, Menschen oder Dinge, so, wie sie sind, ertragen wollen oder nicht.

Ich weiß, dies ist leichter gesagt als getan, denn niemand hat uns gelehrt, klare Entscheidungen zu treffen, »ja« oder »nein« zu sagen ohne Groll, Haß und überflüssige Gefühlsausbrüche.

Der wahre Esoteriker erkennt deutlich sein Inneres. Er sagt »ja« zu seinen eigenen Schwingungen, bejaht und erkennt die Schwingungen der anderen und der Dinge um sich und nimmt die bestmögliche Distanz von allem, was nicht auf »seiner Wellenlänge« liegt. Damit findet er seine Mitte und lernt, in innerer Harmonie mit sich selbst zu sein. Die »goldene Mitte« liegt aber weder nur im Licht noch nur im Schatten, sondern irgendwo zwischen den Polen.

Frei von Vorurteilen und Aberglauben bemüht sich der Esoteriker um Selbsterkenntnis und ist stets auf der Suche nach universellen Wahrheiten und Realitäten, die er durch ihre Symbolsprachen zu entziffern und zu praktizieren versucht.

Schwingung

Alles ist Schwingung – der Stein, die Wand, die Blume, unsere Stimme, die Erde, die Sterne. Es gibt eine rhythmische Schwingung der Atome in allen Dingen, überall im Universum, um und

in uns. Verfolgen wir diesen Gedanken, müssen wir feststellen, daß eigentlich alles lebt – und weiter, daß alles, was lebt, irgendeine Form von Bewußtsein besitzt. In diesem Sinne existiert keine »tote Materie«!
Die Esoteriker wußten das von jeher. Die heutige Quantenphysik hat bei der Zerlegung (Spaltung) der kleinsten Atomteilchen festgestellt, daß die unzerlegbaren Teilchen am Ende aus Licht bestehen. Licht aber ist Energie, Geist und ist als solcher unzerstörbar! Der sogenannte Tod auf der materiellen Ebene ist nur eine Umwandlung von Energie – von einer Form in die andere.

Die Ganzheit der Natur

Die Ganzheit der Natur ist garantiert durch das Streben der Dinge nach *Synthese* (»Synthesis« ist griechisch und bedeutet »Zusammenfügung«). Geschieht oder entsteht etwas Neues, heißt das, daß einzelne verschiedenartige Elemente oder Elemente von einer Art zusammengekommen sind. Die Analyse als wissenschaftliche Methode hat gezeigt, daß die neu entstandene Ganzheit mehr ist als die Summe der einzelnen Teile, egal, ob es sich um chemische Verbindungen oder menschliche Gesellschaften, Moleküle oder numerologische Zahlenmuster handelt. Jede Ganzheit bildet dabei einen neuen Schwerpunkt, in dem sie ihre eigene Gesetzmäßigkeit entwickelt. Auf diese Weise führen früher oder später bestimmte Mengen (Quanten) von Atomen, Dingen, Ideen oder Gefühlen zu einer qualitativen Veränderung, zu etwas Neuem – mit anderen Worten: zur Evolution. Diese aber kann sich sowohl im positiven als auch im negativen Sinne auswirken. Der Wissende distanziert sich entschieden von allen negativen Gedanken und Gefühlen, denn er weiß, daß dies negative Energien sind, die nach Materialisierung streben.
Es ist dabei sehr interessant zu beobachten, wie sich überall Gleiches zu Gleichem gesellt: gleichgesinnte Menschen (bei denen man oft auch Parallelen im Lebensablauf feststellen kann),

Geld zu Geld, Armut zu Armut usw. Auch die Sammler können davon ein Lied singen: Jeder wird bestätigen, daß es am Anfang sehr schwierig war, schöne und doch günstige Stücke zu bekommen. Erreichen die Dinge jedoch ein bestimmtes Quantum (dabei hat jede Art ihren eigenen Grenzwert), kommen die Sammelobjekte wie von selbst und ohne größeren Aufwand.

Karma

Das Sanskritwort *Karma* bezeichnet das Universalgesetz von Ursache und Wirkung, auf dem viele weitere esoterische Lehren aufbauen. Diesem Gesetz nach erntet man das, was man gesät hat (in diesem oder in einem späteren Leben). Wir tragen in jedem einzelnen Moment unserer Existenz mit Gedanken, Worten und Taten zu unserem Karma bei.
Daraus folgt, daß Gedanken, Gefühle und Taten, die von Haß, Neid, Gier und Eifersucht durchtränkt sind, uns karmische Probleme schaffen. Dagegen haben liebevolle und tolerante Gedanken und Empfindungen und Handlungen positive Folgen. Es wäre also ratsam, sich die Methoden des positiven Denkens anzueignen, um das Karma günstig zu beeinflussen.
Als Numerologin kann ich nur bestätigen, daß es Menschen mit Zahlenkonstellationen gibt, die eine so starke Glaubens- und Wunschkraft besitzen, daß diese mit ihren kraftvoll geladenen Gedanken alles erreichen (auch sich selbst zerstören) können. Speziell diese, aber auch alle anderen, muß man auf das zweischneidige Schwert, das Wunschkraft heißt, aufmerksam machen.
Die esoterischen Grundsätze, die ich hier nur kurz erwähnt habe, gelten natürlich auch für die Zahlen. Wie schon erwähnt, gehört die Numerologie (auch *Zahlenmagie* genannt) zu den kabbalistischen Lehren (*Kabbala* kommt von dem hebräischen »Das Buch der verborgenen Weisheit«). Der jüdischen Sage nach hat Abraham sie in tiefer Versenkung und Meditation direkt von Gott

empfangen und nach und nach niedergeschrieben. So betrachtet, ist die Zahlenlehre ein Wegweiser göttlicher Vorsehung und Hilfe. Wer es versteht, diese Hilfe wahrzunehmen, wird sein Leben besser meistern können.

Die Zahlen stellen Symbole für Energien dar. Ihre energiegeladenen Schwingungen verhalten sich sympathisch oder unsympathisch zueinander. »Verstehen sie sich«, sympathisieren sie miteinander, dann ergänzen sie sich gegenseitig, und die Energien schwingen im harmonischen Rhythmus. Stoßen sie sich hingegen ab, dann bekämpfen sie sich wie fremdartige Wesen, bis der eine »besiegt abzieht« oder »tot umfällt«. Dies ist im übertragenen Sinne gemeint, aber es gilt für alle Dinge auf Erden, für alle Begriffe und Beziehungen, die wir kennen.

Ein einfaches, aber deutliches Beispiel dafür mag z. B. eine neue Bekanntschaft sein. Nehmen wir an, ein Freund stellt Ihnen auf einer Party einen seiner Bekannten vor. Die meisten von uns würden auf diese neue Begegnung sofort mit dem richtigen Gefühl reagieren, und zwar mit Sympathie und Interesse oder mit Antipathie bzw. Gleichgültigkeit. Dies alles geschieht in wenigen Sekunden, bevor die betreffende Person Ihnen die Hand geschüttelt oder nur ein Wort gesprochen hat.

Der Mensch als strahlendes Wesen hat die Gabe, mit seiner energiegeladenen Aura (Ausstrahlung) alles wie ein Sensor abzutasten, gleichsam zu verwerten, um die entsprechende Stellung einzunehmen. Bei unserem Kontakt mit der Außenwelt ist der erste, noch unbeeinflußte Eindruck sehr wichtig. Man sollte ihn auch nicht vergessen! Besonders dann, wenn er uns das Gefühl vermittelt: »Vorsicht, ich ahne nichts Gutes!«

Später, wenn Sie die Zahlenwerte der betreffenden Person kennenlernen, werden Sie feststellen, daß diese auf eine andere Art »schwingen«. Das bedeutet nichts anderes, als daß die Person ganz verschieden denkt, handelt und empfindet. Deshalb erscheint sie Ihnen fremdartig und unbegreiflich. Viele von uns benutzen die Redewendung: »Sie (er) ist nicht auf meiner Wellenlänge.« Wie recht sie haben!

Das oben Gesagte gilt für alle Dinge und Begebenheiten um uns und in uns: Charakter, Beruf, Land, Gemeinde, Wohnung, Geschäft, Urlaubsort und selbstverständlich für unsere Partnerschaften und Beziehungen.

Jede Sache, jeder Begriff und jedes Lebewesen stellt ein Konglomerat (ein Bündel, wenn Sie so wollen) von Energien (Zahlen) dar, die *einmalig* in ihrer Kombination sind. Es gibt nur »verwandte« energetische Verbindungen und solche, die »fremdartig« sind (aus der Sicht einer bestimmten Person betrachtet).

Die Numerologie, liebe Leser, gibt uns durch bestimmte Berechnungen die Möglichkeit, uns selbst und die anderen zu begreifen und uns in der großen Vielfalt der Ereignisse und Beziehungen zu orientieren. Sie zeigt deutlich die Wege, die zu unserem Glück führen. Bedenken Sie nur, was das bedeutet! Wie viele Menschen irren im Labyrinth der Geschehnisse umher, fangen mal dies, mal jenes an, um abgekämpft am Ende entweder zu resignieren oder nicht zu wissen, wohin und zu wem sie gehören.

Diese Lehre bewirkt auch eine neue Einstellung zu unserer Umwelt. Sie läßt uns alles von einem anderen Blickwinkel aus betrachten und erkennen. Auf diese Weise ist es kein Lotteriespiel mehr, die richtige Partnerschaft oder den richtigen Beruf auszuwählen, sondern eine *reale Erwägung* der Chancen und eigenen Dispositionen in einem bestimmten Zeitabschnitt.

Ich wünsche Ihnen bei dieser spannenden und entspannenden Beschäftigung viel Vergnügen und vor allem Einsicht. Und jetzt fangen Sie zu forschen an. Finden Sie Ihre eigene »Welle« und folgen Sie ihr! Berechnen Sie selbst Ihre Chancen – dies ist Ihr gutes Recht.

Die Buchstaben des Alphabets und ihre Be-Deutung

> Die Zahl ist das Wesen aller Dinge.
> *Pythagoras*

Alles im Universum hat eine Schwingung, die sich durch eine bestimmte Zahl erfassen läßt. Wer es versteht, die Zahlen zu deuten, der weiß um die innere Beschaffenheit der Dinge, ihre Qualitäten, Dispositionen und Tendenzen. Die Buchstaben des Alphabets haben, wie alles andere auf der Welt, ihre bestimmten Zahlenwerte und ganz individuellen Bedeutungen.

Schon in der Antike wurde festgestellt, daß der Name eine psychologische Auswirkung auf den Charakter hat. Man suchte daher nach den Eigenschaften, die in den Buchstaben und Silben verborgen sind.

In meiner frühen Kindheit wurde ich mit der Fähigkeit meines charakterkundigen Vaters konfrontiert, der die Vornamen unbekannter Menschen aus den Gesichtszügen zu erraten vermochte. Erst viel später habe ich die große Rolle, die die Namen (bzw. Kosenamen) bei der Charakterformung spielen, begriffen.

Die Buchstaben mit ihren Zahlenwerten besitzen verschiedene, ganz spezifische Eigenschaften, die sich je nach ihrem Platz im Namen (Wort oder Begriff) mit verstärkter oder verminderter Kraft auf die Person auswirken. So hat zum Beispiel der erste Buchstabe mehr Gewicht als derselbe in der Mitte oder am Ende eines Wortes (Namens). Wichtig ist auch, wie häufig ein und derselbe Buchstabe in einem Wort oder Gesamtbegriff vertreten ist.

Beachtenswert ist ferner die gegenseitige Beeinflussung der einzelnen Buchstaben innerhalb eines Wortes. Zum Beispiel: Im

Namen BARBARA kommen zweimal »B« und »R« neben »A« vor. Dadurch werden im »B« einerseits Qualitäten wie Körperschwäche, Intoleranz u. a. gemildert, andererseits schöpferische, intuitive Tatkraft und Gesundheit gefördert. Im »R« werden Impulsivität, Spontaneität, aber auch die Nervosität verstärkt. Die enorme Vorstellungskraft, die das »R« durch das nebenstehende »A« erhält, begünstigt die Entwicklung künstlerischer Talente, die durch viele kleine und große Reisen zu bemerkenswerter Entfaltung kommen können. Dabei bringt die Spontaneität der Gefühle in der Privatsphäre meist Enttäuschungen.

Die Bedeutung der einzelnen Buchstaben

A

+ erfolgreich, ehrgeizig, intelligent, schöpferisch, tatkräftig, energiereich; Gesundheit (schnelle Rekonvaleszenz), Treue, Zuverlässigkeit; Reisen und Veränderungen	– übermütig, explosiv, exzentrisch, unvorsichtig, risikofreudig; fehlende Selbstkontrolle

B

+ lernbegierig, künstlerisch, wissenschaftlich und rednerisch begabt, diplomatisch, phantasiereich, hilfsbereit; starke Gefühle, intensives Erleben	– körperlich schwach, nervös, ängstlich, intolerant, fanatisch; Gefühlsdramen und Enttäuschungen (evtl. Scheidung)

C

+ vielseitig, gutgelaunt, glücklich, erfolgreich; viele natürliche Begabungen, Intuition, Gesundheit, Stärke, Kraft, exaktes Denken, Aktivität, Ausdauer, Ideenreichtum
− unentschlossen, ziellos, unorganisiert, unsicher, untergeordnet

D

+ energisch, praktisch, physisch aktiv, willensstark, konzentrationsfähig, reiselustig, geistig orientiert
− sehr sinnlich, inkonsequent, nervös; Unfälle, Scheidung; zwei »D« im Namen sind sehr ungünstig

E

+ aktiv, beweglich, intelligent, scharfsinnig, heiter, energisch, mutig, reiselustig, begeisterungsfähig; Glück in der Liebe
− abenteuerlustig, indiskret, zerfahren, unzuverlässig; zu frühe Heirat; »E« bekräftigt die Bedeutung der umliegenden Buchstaben

F

+ intuitiv, spirituell, technisch begabt, ästhetisch, künstlerisch, originell, schöpferisch
− unsicher, risikofreudig, zerstreut, unaufrichtig, vorurteilsvoll, engstirnig, fanatisch, unruhig, melancholisch, mitleidsbedürftig; Schwierigkeiten in den Liebesbeziehungen

G

+ talentiert, kräftig, strahlend, harmonisch, künstlerisch, magnetisch, exakt denkend, siegreich, reaktionsschnell; Reisen und Ruhm
− unvorsichtig; Geldmangel durch schnelle Fehlentscheidungen, Unfälle; läßt sich ausnützen

H

+ intellektuell, ausgeglichen, logisch, exakt, ehrgeizig, gefühlvoll, streng, mutig, kämpferisch, konsequent
− zu streng, unerbittlich, emotional unbeherrscht; viel Wechsel in den Finanzen, Prozesse; überstürztes Handeln schafft Feinde und führt in ausweglose Situationen

I

+ kontaktfreudig, initiativ, philosophisch begabt, selbständig, gefühlvoll, besonnen, reiselustig; treibt Studien und Recherchen, hat große energetische Reserven
− zu affektiv, indiskret; zuviel Vertrauen in den anderen bringt Enttäuschungen, große Spontaneität führt zu Verlusten

J

+ verantwortungsbewußt, tatkräftig, erfolgreich, glücklich, energiegeladen; starke Denkarbeit, Perfektionismus, Initiative, Spontaneität, Voraussehen, gute Chancen und Freundschaften, führende Positionen, exakte Beurteilung der Dinge

− nicht anpassungsfähig, dickköpfig; sehr harte Arbeit; falsche, intrigenknüpfende Freunde

K

+ intuitiv, physisch und moralisch stark, schöpferisch, aktiv, lebendig, arbeitswillig, kreativ, siegreich, charmant, hilfsbereit, opferbereit, geistig aufgeweckt; viele Gönner, zahlreiche Reisen und Veränderungen im Leben, glückliche Gelegenheiten, Erbschaften (die unerwartet kommen)

− langweilig, aufdringlich, wechselhaft, nervös, depressiv, neurotisch

L

+ geistvoll, intellektuell, unternehmungslustig, reiselustig, lebensfroh, erfolgreich; guter Denker, Gewinner; »L« bringt Schönheit, in Begleitung von »O« bringt es materiellen Gewinn; in Begleitung von »R« Gesundheit (z. B. der Name Loren)

− dualistisch, zerfahren, untreu; keine Ausdauer (beendet selten das, was er angefangen hat); risikovolle Spekulationen

M

+ schnelldenkend, physisch, romantisch, transformationsfähig; rednerisches Talent, viele kleine und große Reisen

− eigenwillig, einsam, verklemmt, unbeweglich; schlechte Gesundheit, Gefahren, Trennungen, viele Wohnungs- und Ortswechsel, familiäre und finanzielle Schwierigkeiten; zwei »M« im Namen bedeutet Gefahr; »M« in Begleitung von »I« oder »H« bedeutet Tod in der Verwandtschaft

N

+ phantasiereich, erfinderisch, überzeugend, wissenschaftlich interessiert, intuitiv, anpassungsfähig, tolerant, praktisch, hilfsbereit; starke Sexualkraft, starke Glaubenskraft; guter Beichtvater und Berater

− wechselhaft, zu empfindlich; die Phantasie geht durch und bereitet Kummer, wenig echte Freunde; körperliche Leiden

O

+ weise, sinnlich, leidenschaftlich, hochgeistig; plötzliche Erfolge; »O« als erster Buchstabe bringt Erfolg, in Begleitung von »G« bringt es großen materiellen Erfolg

− egoistisch, nervös, spekulativ, verführerisch, unausgeglichen, demagogisch, zu leidenschaftlich; begrenzte Freiheit, schlechte Verbindungen; ist ein »F« neben dem »O«, bedeutet dies große Unpäßlichkeiten und Unglück

P

+ enthusiastisch bei der Arbeit, ehrgeizig, mächtig, erfolgreich; gute Position mit viel Verantwortung, Anerkennung, Ruhm; es lohnt sich, stets aufrichtig zu sein

− zerstörerisch, frech, eingebildet, stolz, habgierig, überheblich; nimmt überflüssige Opfer auf sich, um zu Ruhm und Erfolg zu kommen; ist ein »P« im Namen vorhanden, rothaarige Menschen meiden!

Q

+ intuitiv, harmonisch, zärtlich, charmant, beliebt in der Gesellschaft, künstlerisch begabt; schnelle Rekonvaleszenz, Erfolg in Beruf und Ehe

− zu leidenschaftlich; Mangel an Logik, falsche Freunde, Schwierigkeiten im Privatleben (Schwierigkeiten werden jedoch schnell gemeistert)

R

+ fröhlich, ehrgeizig, romantisch, beweglich; starke Vorstellungskraft, viele Reisen

− affektiv, jagt Trugbildern nach, träumerisch, unlogisch, launisch, nervös, übertrieben ehrgeizig (geht über Leichen, um ans Ziel zu kommen), egoistisch, aggressiv, zu laut, skandalös, zu sentimental; Unfälle, potentielle Feinde

S

+ künstlerisch begabt, ideell aktiv, geistig orientiert, wohltätig, schnelle Rekonvaleszenz, starke Gefühle, Erneuerung, Glück

− zu kritisch; viele Krisensituationen, die aber gut enden, Pech in der Liebe; unfähig, günstige Gelegenheiten wahrzunehmen (so wird oft der Zug verpaßt); übertriebene Selbstkritik verhindert die Verwirklichung von Plänen

T

+ intelligent, erfinderisch, gefühlvoll, stabil, freundlich, gutmütig, konsequent, originell, voller Inspiration; gesundes Gefühlsleben, Führungsgabe; Reisen, Anerkennung

− abenteuerlustig, zynisch; Enttäuschungen durch zuviel Gutmütigkeit und Vertrauensseligkeit, unglückliche Ehe (wegen unüberlegter Wahl des Partners), häufige Ortswechsel

U

+ intuitiv, perfektionistisch; viele gute Chancen, gute Gesundheit, günstige Umgebung, augenblickliche Erfolge, Geld

− starke Neigung zu schreiendem Glanz; Vorsicht vor Neidern, Schmarotzern, Lügnern und Betrügern! »U« ist mit einem Verlust verbunden (Geld, Liebe, Gesundheit eines Nahestehenden); besondere Vorsicht ist geboten, wenn mehrere »U« im Namen vorhanden sind

V

+ intuitiv, mystisch; starke moralische Grundsätze, Glück in der Liebe, Erfolg, viele Reisen, viele Talente

− unstabil, passiv, egoistisch, kaltherzig, extravagant, machtgierig; keine Ausdauer in den Gefühlen, Irrtümer, Vergeudung der Talente, Konservatismus; Vorsicht vor Schmeichlern!

W

+ philosophisch, moralisch, genau, mutig, logisch, intelligent, selbstbeherrscht, selbstkritisch, tatkräftig; gute Gesundheit, Macht, Prestige, Fortschritt

− eigenwillig, explosiv, unsicher, unentschlossen, zu vertrauensselig und unrealistisch; finanzielle Schwankungen und Schwierigkeiten, Illusionen, radikale Wechsel der Ansichten (Politik, Religion); gute Chancen werden oft verpaßt

X

+ wohlhabend, verantwortungsbewußt; natürliche Autorität, gute Kontakte mit Menschen aus allen Klassen und Rassen

− schwerfällig bei Entscheidungen; Kämpfe, Schwierigkeiten und Schocksituationen im Leben; viele Gegner, Probleme mit der Gesundheit, Unfälle, Niederlagen, langsame Rekonvaleszenz. »X« ist ungünstig; die Person sollte ein ruhiges, solides Leben führen

Y

+ intuitiv, talentiert, reaktionsschnell, erfolgreich, künstlerisch begabt; gute Gesundheit, Entwicklung, Anerkennung, Fortschritt und Unterstützung durch höherstehende Personen; realisiert alles Geplante, schnelle Rekonvaleszenz; Sicherheit bei See- und Luftreisen

− undiszipliniert, neigt zu Rauschmitteln; trifft Entscheidungen, die das Leben völlig verändern; temperamentvolle, launische Reaktionen, ängstliches Zögern bei der Wahrnehmung von günstigen Chancen; Unfähigkeit, auf unerwartete Ereignisse schnell zu reagieren

Z

+ ideell, geistig orientiert, friedensbedürftig; Ordnungssinn, Glanz, Logik, Sensibilität, schnelle Auffassungsgabe, Erfahrung, materieller Erfolg, Überzeugungskraft; sucht den lohnenden Kampf. Man sollte immer bereit sein, seine Gegner zu überzeugen.

− egozentrisch, kämpferisch, krankhaft empfindlich, unnahbar geheimnisvoll; Schwierigkeiten im Familienleben (evtl. Scheidung); konservativ-religiöses Leben; zu schnelle Entscheidungen bringen stets Enttäuschungen

Wie aus diesen Ausführungen ersichtlich, sind manche Buchstaben sehr günstig, andere weniger positiv, und zwar unabhängig von ihrem Zahlenwert. Die Wissenden aus der Antike nutzten diese Erkenntnisse, um die Namen von Neugeborenen zu formen. Numerologisch gesehen hat ein so ausgewählter Name aber nur dann einen Sinn, wenn gleichzeitig das Geburtsdatum berücksichtigt wird. Damit aber werden wir uns später befassen.

Zahlenwerte der Buchstaben

> Die Zahlen sind Geschöpfe unserer Gedanken.
> Ihre Reihen sind unendlich ... wie das All.
> *Golmyn*

Je nach Art und Beschaffenheit des Alphabets unterliegt jeder Sprachraum eigenen numerologischen Gesetzmäßigkeiten und bedarf somit auch eines anderen numerologischen Systems.
Zur Zeit werden im europäischen Sprachraum hauptsächlich vier Zahlensysteme benutzt. Das in diesem Buch verwendete ist das *Cheiro-System*, welches seiner Einfachheit wegen jeder in kurzer Zeit erlernen kann. Ich selbst mache schon seit vielen Jahren die besten Erfahrungen damit. Die hier beschriebenen Zahlendeutungen beruhen auf Cheiros numerologischem System und meinen eigenen langjährigen Bemühungen.
Cheiro ist das Pseudonym des Grafen Louis Hamon aus der Normandie, der sich Ende des 19. Jahrhunderts viele Jahre im Orient bei einer Brahmanensekte aufhielt, um die alten Geheimlehren zu studieren. Nach Europa zurückgekehrt, hat er das lateinische Alphabet an das ältere hebräische Zahlensystem angepaßt und diese Methode bis zu seinem Lebensende mit großem Erfolg weiter vervollkommnet.
Nach diesem System werden die Buchstaben des Alphabets unter die Zahlen von 1 bis 8 eingeordnet. Nur die Zahl 9 wird keinem Buchstaben zugeteilt, weil nach mystischer Überlieferung diese Zahl dem neunbuchstabigen Namen Gottes vorbehalten ist.

Zahlenwerte des Alphabets

1	2	3	4	5	6	7	8
A	B	C	D	E	U	O	F
I	K	G	M	H	V	Z	P
Q	R	L	T	N	W		
J		S		X			
Y							

Ö = OE = 7 + 5 = 12
Ä = AE = 1 + 5 = 6
Ü = UE = 6 + 5 = 11
ß = SS = 3 + 3 = 6

Die römischen Ziffern haben die gleichen Werte wie die entsprechenden arabischen Zahlen.

Die Werte von 1 bis 9 wiederholen sich bei allen zusammengesetzten Zahlen wie folgt:

10 ist wieder 1, denn 1 + 0 = 1

11 ist wieder 2, denn 1 + 1 = 2

12 ist wieder 3, denn 1 + 2 = 3

...

23 ist wieder 5, denn 2 + 3 = 5

...

96 ist wieder 6, denn 9 + 6 = 15 und 1 + 5 = 6.

Alle Zahlen von 1 bis 52 (52 ist die Zahl der Wochen im Jahr) haben ihre bedeutungsvollen magischen Bilder und Entsprechungen. Die Deutung und Entzifferung dieser Bilder in den Begriffen und den Namen ist das Ziel der numerologischen Arbeit. Dabei haben alle zusammengesetzten Zahlen (von 10 bis 52) erstens eine Bedeutung in ihrer zusammengesetzten Form und zweitens eine Bedeutung als einfache Zahlen (Quersumme der zusammengesetzten Zahl).

Die Zahlen als Energiesymbole unterliegen dem Polaritätsgesetz. So sind die ungeraden männlich oder positiv und die geraden weiblich oder negativ (im Sinne des Yin-Yang-Prinzips der altchinesischen Philosophie). Die Begriffe »positiv« und »negativ« sind hier nicht wertend gemeint; es handelt sich dabei vielmehr um die wertfreie Beschreibung der zwei Aspekte einer Sache – ähnlich dem Plus- und Minuspol bei der Elektrizität.

In ihrer Ganzheit drücken die Zahlen göttliche (universale) Prinzipien aus, welche auf Erden stets polar in Erscheinung treten. Dies bedeutet, daß jede Zahl auch in sich immer einen positiven und negativen Aspekt beinhaltet, welcher je nach der Zahlenkombination in Wechselwirkung mit anderen Zahlen zum Ausdruck kommt.

Dabei entspricht jedem Pol (bei jeder einzelnen Zahl) eine ganz spezifische Energie. Auf der materiellen Ebene ist eine solche Polarität notwendig, denn sie bringt die in den Polen angesammelte Energie zum Fließen. Auf diese Weise kommen die Kräfte in Bewegung; Bewegung wiederum bedeutet Leben. Aber auch die Bewegung hat einen Gegenpol, nämlich die Ruhe.

Durch Ruhe und Bewegung können die universalen Kräfte nach den kosmischen Gesetzen schöpferisch wirken und schaffen.

Allgemeine Deutung der einfachen Zahlen nach der Polarität

1 (+) führend, schöpferisch, aktiv, kräftig, gesund, egoistisch

2 (−) produktiv, empfänglich, intuitiv, hilfsbereit, passiv, untergeordnet

3 (+) künstlerisch, fröhlich, erfolgreich, glücklich, genau bis pedantisch

4 (−) langsam denkend, hart arbeitend, grüblerisch, rebellisch, unglücklich

5 (+) intelligent, beweglich, vielseitig, abenteuer- und reiselustig, nervös, wenig ausdauernd

6 (−) mütterlich, häuslich, fleißig, künstlerisch und handwerklich begabt, machtgierig

7 (+) individualistisch, geheimnisvoll, zurückgezogen, tiefdenkend, forschend, abweisend

8 (−) gerecht, hart arbeitend, zurückhaltend, konservativ; bei Unternehmungen Erfolg oder totaler Mißerfolg, Gelingen nur durch große Anstrengung

9 (+) kämpferisch, hohe Spiritualität, moralische und ethische Qualitäten, leichtsinnig, taktlos

Persönliche Zahlen

> Jeder Mensch ist seinem Wesen nach *einmalig,*
> und doch sind wir alle eins.
> *Golmyn*

Namenszahl (NZ)

Der Name mit seinem verborgenen Schwingungsrhythmus ist von großer Bedeutung für alle Lebewesen und Dinge, die einen Namen haben. Er enthält das irdische Karma und ist damit Träger von Schicksal und Charakter. Will jemand seinem Leben eine neue Richtung geben, sollte er seinen Namen ändern. Die Auswirkung dieser Änderung zeigt sich bereits in einem halben bis spätestens einem Jahr.

Wichtig ist dabei, mit welchem Namen sich der Mensch identifiziert. Da die Namensänderung eine Umformung des Charakters bewirkt (im positiven oder negativen Sinne), ist die Wahl des Namens von größter Bedeutung. Beim Neugeborenen sollte man deshalb einen Vornamen wählen, der (harmonisch) zum Geburtsdatum und Nachnamen paßt. Bei der verheirateten Frau sollten die Zahlenwerte genau überprüft werden. Gegebenenfalls könnte sie ihren Mädchennamen als Ergänzung zum neuen Familiennamen behalten oder eine Abkürzung davon verwenden.

Hat man sich jemals gefragt, warum die Namen von Frauen und Männern geändert werden, wenn sie in ein Kloster eintreten? (Und dies nicht nur bei den Christen!) Warum bekommt der Papst einen neuen Namen? Eingeweihte aller Weltkirchen profitieren von den Erkenntnissen der Zahlenmystik. Je nach Weltlage, nach kirchlicher, politischer und ökonomischer Situation wird der Name des katholischen Kirchenoberhauptes gewählt. So z. B. der Name Papst Paul II.:

Paul II. = 8 + 1 + 6 + 3 + 1 + 1 = 20

20 ist die Zahl der Wiedergeburt, der Erneuerung, des Neubeginns durch Diplomatie, Gespräch und freundschaftliche Beziehungen. Gerade in den letzten Jahren brauchte der Papst einen Namen, der ihn innerlich motivierte, die Erneuerung des Christentums anzustreben und zu fördern.

Der Name des Menschen, der in einen geistlichen Stand eintreten will, wird meist in Übereinstimmung mit dem Geburtsdatum geändert. Es wird ein Name gewählt (bei den Christen fast immer ein biblischer), der zusammen mit dem Geburtsdatum eine Zahlenkombination ergibt, die diesen Menschen in kurzer Zeit zum Positiven hin verwandelt. Entsprechend dem gewählten Namen verändern sich der Charakter und die ganze Weltorientierung der Person, und so schafft der geistliche Name schon nach einem Jahr eine neue Persönlichkeit, die barmherzig, bescheiden, fleißig, ruhig, hilfsbereit und geistig orientiert ist.

Der Name hat einen musikalischen Rhythmus in sich. Manche Namen klingen ausgesprochen harmonisch. Dies bedeutet, daß die Buchstaben, Silben, Vor- und Zuname sich in vollem harmonischen Einklang miteinander befinden.

Sensible Menschen, wie zum Beispiel inspirierte Künstler, spüren jede Diskrepanz in ihrem Namen und legen sich darum oft einen Künstlernamen zu. Die Auswahl geschieht meist intuitiv, aber auch nach Beratung mit einem Numerologen.

Je einfacher und klarer ein Name ist, um so unkomplizierter sind Mensch, Tier oder Ding, die diesen Namen tragen. Manche Eltern geben ihren Kindern zwei, drei oder mehr Vornamen. Sie schaffen dadurch einen komplizierten und in sich unklaren Menschen, der zwar vielseitig begabt ist, aber gerade deswegen oft nicht weiß, was für ihn das Beste ist. Mehrere Vornamen haben nur dann einen Sinn, wenn die Person den günstigeren von ihnen wählen kann.

Die Gesamtnamenszahl (irdisches Karma) soll mit dem Geburtsdatum (kosmisches Karma) gut harmonieren. Dabei ist der meistgebrauchte Name am wichtigsten, denn gerade seine psychologische Auswirkung ist dominierend. Dies gilt auch bei Benützung von Kosenamen sowie für alleinstehende, berufstätige Menschen, die fast nur am Arbeitsplatz angesprochen werden (wie z. B. Herr Schmidt). Mit der Zeit wird sich Herr Schmidt immer stärker mit dem Namen »Schmidt« identifizieren und so einen engeren Rahmen für sein irdisches Karma schaffen.

Man kann sich überhaupt nicht vorstellen, wie groß die Wirkung von Namen ist, und zwar nicht nur bei Menschen, sondern auch bei Tieren, Häusern, Straßen, Städten, Gebrauchsgegenständen, Firmennamen usw.

Ein Beispiel:

$$\underbrace{\substack{R\ u\ d\ o\ l\ f \\ 2+6+4+7+3+8}}_{30} \quad \underbrace{\substack{B. \\ +2}}_{2} \quad \underbrace{\substack{M\ e\ i\ e\ r \\ +4+5+1+5+2}}_{17} = 30+2+17 = 49,$$
$$4+9 = 13,\ 1+3 = \underline{\underline{4}}$$

Die Schicksalszahl des Herrn Meier (der Name ist frei ausgewählt) lautet also 4. Die Zahl 4 bedeutet, daß die Person solide und praktisch veranlagt ist. Sie versteht zu organisieren, ist fleißig und genau, vermag hart zu arbeiten, ist sparsam, ruhig und gesellschaftlich gut gestellt. Bei dieser Person muß jeder Erfolg hart erarbeitet werden. Herr Meier ist ziemlich dickköpfig bei der Vertretung seiner Meinung, mit der er oft alleine dasteht. Fühlt er sich unverstanden, sucht er die Einsamkeit, in der er seine Gedanken zu ordnen versucht. Allgemein strebt sein Charakter nach Ausgleich, Gerechtigkeit und totaler Sicherheit. Er ist loyal, zuverlässig und traditionsbewußt, hat wenige, aber gute Freunde, denen er ein Leben lang verbunden bleibt.

Eine noch tiefere Deutung des Charakters von Herrn Meier bekommt man, wenn die einzelnen Buchstaben ausgewertet werden. Außerdem muß man darauf achten, wie oft ein und dieselbe Zahl sich im Namen wiederholt. Bei unserem Beispiel (Rudolf B. Meier) haben wir dreimal die 2, zweimal die 4 und zweimal die 5. Die anderen Zahlen sind nur einmal vertreten.

Die Tatsache, daß alle Zahlen von 1 bis 8 in seinem irdischen Karma vorhanden sind, besagt, daß er ein Mensch mit vielseitigen Interessen und Fähigkeiten ist. Die Zahl 2 deutet auf Produktivität, Phantasie, Diplomatie und starke Nervosität hin, die manchmal zum plötzlichen Ausbruch kommt. Die doppelte Zahl 4 verstärkt die Wirkung seiner Gesamtnamenszahl. Die doppelte 5 (Achtung: Die Fünfer kommen aus zweimal »e« und dadurch bekräftigen sie die Bedeutung der danebenstehenden Buchstaben) deutet auf Bewegung, Intelligenz und Spekulation hin – gerade das, was man zur Gründung eines eigenen Geschäfts braucht. Es ist daher kein Wunder, daß so viele Menschen mit dem Familiennamen Meier eigene Betriebe haben.

Die positiven und negativen Eigenschaften der Namenszahlen

Die Bedeutung der Namenszahlen zu erkennen heißt, über den Charakter eines Menschen oder die Beschaffenheit eines Gegenstands Wissenswertes zu erfahren.

Obwohl das Wichtigste in einer Zahlenkombination die Geburtstagszahl ist, kann der Kundige auch durch die Namenszahl viel über die Wege, Methoden und Bestrebungen eines jeden Menschen erfahren. Durch den Namen ersieht man eigentlich, *wie* eine Person ihr Leben meistert. Mit genügend Übung kann man schon aus dem Namen erfahren, ob ein Mensch sein berufliches Fach gut oder weniger gut beherrscht. Diese Kenntnis kann manchmal lebenswichtig sein, besonders dann, wenn es sich um die Wahl eines Arztes, Rechtsanwalts oder auch eines jungen

Künstlers, dem man eine Chance geben will, handelt. Der praktische Nutzen aus der Namensdeutung ist umfangreich und in allen Situationen des täglichen Lebens anwendbar.

Die folgenden Deutungen sind so eingeordnet, daß die Zahlen von 1 bis 9 in allen ihren Erscheinungen bis zur Zahl 52 dargelegt sind. Zunächst werden jeweils die Grundeigenschaften der einfachen Zahlen beschrieben (positiv und negativ), sodann die Eigenschaften der entsprechenden zusammengesetzten Zahlen, deren Quersumme wieder die jeweilige einfache Zahl ergibt.

Die schöpferische Eins

1 (+) Selbstbewußt, schöpferisch, erfinderisch, ehrgeizig, entschlossen, gesund, willensstark, fleißig; hat ein gutes Gedächtnis, Energie, Ausdauer, Organisationstalent, ist allem Neuen und Fortschrittlichen gegenüber aufgeschlossen und besitzt Führer-(Leiter-)Eigenschaften. Zielstrebigkeit, Tatkraft und Zuverlässigkeit sind erfolgbringend.

1 (–) Starrsinnig, dickköpfig, risikofreudig, voreingenommen, jeden guten Rat ablehnend, unflexibel, berücksichtigt nicht die Umstände; egoistisch, tyrannisch (duldet keinen Widerspruch), verzeiht nicht leicht; eifersüchtig, besitzergreifend, wählt Freunde nur unter denjenigen aus, die leicht beherrschbar sind.

10 10 ist die Zahl der ewigen Schöpfung, der 10 Gebote, des Glücksrades, das sich stets dreht. Dies alles bedeutet viel Wechsel und Neubeginn im Leben. Man könnte große Erfolge erzielen, aber auch die Niederlagen und Verluste lassen nicht auf sich warten (denn das Rad dreht sich unaufhaltsam). 10 ist eine Wiederholung von 1, aber sie schließt auch alle Zahlen von 1 bis 9 ein, was vielseitige Begabungen bedeutet. Die Person kann bemerkenswerte

Leistungen vollbringen (im positiven wie im negativen Sinne), denn sie ist zielstrebig und geradezu rücksichtslos auf ihre Ziele konzentriert. Sie verfügt über große energetische Reserven, Geschicklichkeit und intellektuelle Interessen. Es fehlt nicht an Ehrgeiz, Wille, Fleiß und Tatkraft, aber der Erfolg im positiven Sinne ist von der Bereitschaft zur Zusammenarbeit abhängig.

19 Bei der 19 steht die 1 (die Zahl der Schöpfung) neben der 9 (der göttlichen Zahl). Das deutet auf viele gute Chancen, Freude, Erfolg und günstige Verbindungen hin, vorausgesetzt der Mensch reagiert ruhig und konsequent. Übermut und Risikofreude bringen hier nur Enttäuschungen und sogar Unfälle mit sich. Bleibt man hingegen besonnen und etwas bescheiden, wird man mit Anerkennung und Erfolg belohnt. An jeden Neubeginn und jedes Ziel sollte man mit starkem Willen und exakter Überlegung herangehen. Man sollte aber auch lernen, sein Glück nicht durch übertriebenen Ehrgeiz zu strapazieren.

28 Es ist nicht günstig, wenn die 8 neben der 2 steht. Die Explosivität und Spontaneität dieser Zahl ist für den Namensträger selbst gefährlich. Die Person hat zwar viele reelle Chancen, sie ist jedoch wenig aufmerksam und macht Fehler, die zu finanziellen Engpässen führen. Dazu kommen Neider, Gegner und eventuell politische Umstände, welche sie zum Kampf zwingen. In seinem Tun ist dieser Mensch zielstrebig und ehrgeizig, aber innerlich ist er zerrissen und gequält von Widersprüchen oder unbegründeten Ängsten.
Dickköpfigkeit und Egozentrik verschlimmern die Lage noch mehr. Die innere Unruhe zwingt zu Fehlentscheidungen, wodurch es zu regelmäßigen Verlusten kommt. Danach muß die Person wieder von neuem anfangen – aufrichten, aufbauen und nach neuen Möglichkeiten su-

chen. Man sollte unüberlegte Handlungen meiden, denn jede Überstürzung bringt Fehlschläge. Vorsicht auch bei der Partnerwahl (im privaten wie im geschäftlichen Sektor)!

37 Eine ausgesprochene Erfolgszahl. Sie bedeutet »Ausdehnung nach allen Richtungen«. Der Mensch hat Glück in der Liebe und bei Freundschaften, ist sehr erfolgreich in seinem Beruf und versteht mit dem Geld umzugehen. Mit solch einer Namenszahl kann man sich auch an Spekulationen und Teilhaberschaften heranwagen. Diese Person ist stark, schöpferisch, exakt im Denken, hat große Vorstellungs- und Tatkraft, einen starken Willen und viele originelle Ideen. Die Namenszahl 37 garantiert einen sorgenfreien Lebensabend.

46 Die Zahl 46 mahnt, mit Vorsicht ans Werk zu gehen. Stark rationales Denken bringt nur Schwierigkeiten. Man sollte seine eigene Intuition entwickeln (durch Yoga, Meditation), die dann bei Entscheidungen eingesetzt werden kann. Schlechte Zeiten oder Menschen stören das Vorwärtskommen, und man ist gezwungen, zu kämpfen und immer wieder neu anzufangen. Man sollte lernen, mehr auf die Stimme des Gefühls zu hören!

Die sensible Zwei

2 (+) Diplomatisch, ruhig, reserviert, intellektuell, taktvoll, gefühlvoll; harmonisch, liebenswürdig, warmherzig, nachgiebig, versöhnlich, ordentlich, gewissenhaft, tüchtig, sparsam; strebt nach Harmonie um jeden Preis und ist fähig, im Kollektiv zu arbeiten; ist ein guter Untergebener und hat den Wunsch nach einer soliden, dauerhaften Partnerschaft, selbst bei echten Schwierigkeiten.

2 (–) Zu emotionell, depressiv, ängstlich, naiv, übersensibel in der Liebe und den Freundschaften; neigt dazu, unangenehme Fragen und Situationen aufzuschieben und zu warten, daß sich die Sache von selbst erledigt; mutlos, beim kleinsten Anlaß niedergeschlagen und ärgerlich, scheut den Kampf und das Risiko.

11 Die Zahl des Märtyrer- und Prophetentums (es ist besser, sie als Gesamtnamenszahl zu belassen, als sie auf zwei zu reduzieren). Die 11 ist sehr intuitiv und opferbereit für Ideale, Beruf oder Familie. Sie kann hochspirituelle Leistungen in allen intellektuellen Gebieten vollbringen (Kunst, Technik, Naturwissenschaft, Religion oder Politik). Solch eine Person hat häufig Erlebnisse (bewußt oder unbewußt) auf einer höheren Ebene, und darum erscheinen ihre Aussagen oft prophetisch. Da sie auch leidenschaftlich, oft fanatisch und leichtsinnig ist, sollte sie sich in acht vor Feinden, Verrat und Verstoß gegen das Gesetz nehmen, denn sonst gerät sie in große Schwierigkeiten. Offener Kampf bringt ihr nur Widerwärtigkeiten ein. In solch einem Fall ist es besser, sich zurückzuziehen, zu überlegen und abzuwarten. Der Namensträger sollte seine Vorhaben und Pläne niemandem verraten, bevor sie nicht realisiert sind, sonst wird das Gelingen vereitelt.

20 Die Zahl 20 hat vor allem eine geistige Bedeutung im Sinne von seelischer Entwicklung. Die Person besitzt eine hohe Intuition, aber durch ihre starke Sensibilität verliert sie manchmal den Boden unter den Füßen, was nicht nur finanzielle Verluste bringen kann. Sie ist innerlich bereit, immer neue und oft ungewöhnliche Wege zu gehen. Die besonderen Ziele, die mit der Zahl 20 verknüpft sind, können jedoch nur dann verwirklicht werden, wenn der Mensch für die gleichzeitige harmonische Entwicklung von Körper, Seele und Geist sorgt. Im anderen Fall muß man mit Unpäßlichkeiten und Hindernissen aller Art rechnen.

29 Die Zahl 29 deutet auf anspruchslose Hilfsbereitschaft und geistige Höhe hin. Trotzdem zieht sie Neider und falsche Freunde auf sich. Das ganze Mißgeschick beruht auf mangelnder Menschenkenntnis. Sogar Liebe und Ehe bringen selten Glück, denn man wählt meist den falschen Partner. Der Namensträger muß lernen, äußerst vorsichtig mit den Partnerschaften und zwischenmenschlichen Beziehungen umzugehen, denn nur dann könnte er Intrigen und Hinterlist vermeiden sowie eine bessere Wahl und Entscheidung treffen.

38 Diese Zahl macht die Person sensitiv und so sensibel, daß sie oft die Wirklichkeit unrealistisch einschätzt. Sie ist sehr fleißig, hilfsbereit, gutherzig und trotzdem verraten und betrogen. Die Person sollte lernen, realer zu denken und bei der Wahl des Lebenspartners besonders vorsichtig zu sein. Ihre starke Nervosität und gelegentlichen Wutausbrüche können zwischenmenschliche und auch gesundheitliche Schäden anrichten, besonders dann, wenn man stark materiell orientiert ist.

47 Diese Zahl zieht unpassende Partner an. Es wäre ratsam, die eigene Menschenkenntnis zu verbessern und bei der Wahl von Freunden stets die Augen offenzuhalten. Andernfalls erlebt die Person viele Enttäuschungen. Beruflich bedeutet die Zahl 47 Fleiß, geistige Interessen und Bewegung.

Achtung! Alle Personen, die einen Zweier-Namen besitzen, sollten sich vor Alkoholmißbrauch hüten.

Die künstlerische Drei

3 (+) Vielseitig begabt, geistreich, intellektuell, energisch; fleißig, ehrgeizig, realistisch, optimistisch, erfolgreich, dynamisch, enthusiastisch; gesellig, liebenswürdig und beliebt in der Gesellschaft; stolz, lebhaft, großzügig und sozial.

3 (–) Überheblich, egoistisch, diktatorisch, zerstreut (unfähig, sich nur auf eine Aufgabe zu konzentrieren); ruhelos, launisch, verschwenderisch und gefallsüchtig.

12 Die Zahl der 12 Monate, der 12 Tierkreiszeichen, der 12 Apostel, die Menschlichkeit bedeutet. Dieser Mensch ist sehr hilfsbereit, ja, er opfert sich sogar für die anderen, aber trotz dieser Hingabe wird er Sorgen, Angst und Leid erfahren. Bösartige Verleumdungen und Intrigen erschweren sein Leben. Die Person sollte frühzeitig lernen, die ungerechten Angriffe von außen zu übersehen, und ohne Groll und Trauer ihrem eigenen Weg folgen, nach dem Motto: »Die Hunde bellen, die Karawane zieht weiter!«

21 Die Zahl 21 hat eine große mystische Bedeutung (3 x 7 = 21). Das Schicksal bietet eine Vielfalt von Erfahrungen an, die die Person bewußt auswerten sollte, um auf diese Weise eigene magische Kräfte zu entwickeln. Im Beruf sowie bei allen Unternehmungen findet man Unterstützung und Anerkennung. Mit der Zeit werden eigene Schwächen durch Erfahrung und Einsicht überwunden, und damit steigt der Mensch zu geistigen Höhen auf. Der Namensträger dieser Zahl kann mit einem sorgenfreien Lebensabend rechnen.

30 Die Zahl 30 deutet auf überdurchschnittlichen Geist sowie auf künstlerische, wissenschaftliche und philosophische Interessen und Veranlagungen hin. Die Person sollte sich dabei nicht in Idealismus verlieren! Sie neigt dazu sich abzukapseln, nicht nur um nachzudenken, sondern auch weil sie sich unverstanden und verletzt fühlt. Die 30 warnt vor Unbeweglichkeit und Isolation (Einsiedlerleben), die den Erfolg bremsen. Es muß auch ein Ausgleich zwischen geistiger und körperlicher Arbeit geschaffen werden, damit die Nerven in Ordnung bleiben. Eine gesunde materielle Einstellung und harmonische Lebensgemeinschaft (Ehe) bringen dem Menschen Erfolg und Zufriedenheit. Man sollte sich selbst und die Welt nicht zu ernst betrachten! Mit einer guten Portion Humor kommt der Mensch viel leichter ans Ziel.

39 Diese Zahl verleiht dem Menschen ausgeprägte Beobachtungsgabe und angeborene Menschenkenntnis. Man besitzt intellektuelle und künstlerische Fähigkeiten, ist tiefdenkend und verfolgt leidenschaftlich seine Ziele. Bleibt man kontaktfreudig, sind gute Erfolge zu erwarten. Andernfalls tragen die guten Gedanken und Taten keine Früchte. Es ist fördernd und sehr günstig, wenn die Person sich für Familie, Ideen und Beruf mit aller Konsequenz einsetzt.

48 Die Zahl 48 warnt vor Wankelmut, Grüblerei und Selbstisolation. Die innere Zerrissenheit kann nur durch positives Denken und Kontaktfreudigkeit überwunden werden. Dafür ist eine langjährige, selbsterzieherische Arbeit notwendig, durch die auch die Entschlußfähigkeit und der Mut gestärkt werden. Die Person hat meistens gute Chancen, verpaßt aber oft den günstigen Augenblick, sie zu ergreifen.

Die fleißige Vier

4 (+) Fleißig, praktisch, lernfreudig, mutig, aber vorsichtig, kühn, solide, vertrauenswürdig, bescheiden, gerecht, diskret, ruhig; guter Verwalter und Organisator, großzügig, aber nicht verschwenderisch; freimütig, direkt und ehrlich.

4 (–) Taktlos, dickköpfig, zu konservativ, abweisend, unzufrieden, finster, wenig anregend, zu ernst, pedantisch, gewaltsam; neigt zu plötzlichen Wutausbrüchen und Melancholie; bei schlechter Konstellation bringt die 4 Elend, Armut und Niederlagen.

13 Die Zahl der Umformung durch Zerstörung. Trotzdem ist 13 keine negative Zahl, wie manche Fatalisten annehmen. Auf jeden Fall sind plötzliche, unvorhergesehene Wechsel im Leben der Person an der Tagesordnung. Es kann sich um Orts- oder Landwechsel, Berufs- oder Familienstandswechsel handeln. Dieser Mensch vertritt leidenschaftlich seinen Standpunkt und seine Ideale. Er könnte dadurch in einem bestimmten Gebiet zum geistigen Führer werden. Voraussetzung für Erfolg ist Toleranz und geistige Höhe. Ist die Person unehrlich, egoistisch, draufgängerisch und nur materiell orientiert, wird sie im Leben mit vielen Schwierigkeiten rechnen müssen. Man sollte sich vor Zorn, Wut, Haß, risikoreichen Unternehmungen sowie sinnlosen Leidenschaften und Handlungen in acht nehmen! Für ausgeglichene, tolerante, hilfsbereite und geistig orientierte Menschen ist die 13 wirklich glückbringend.

22 Die Zahl des Meisters (2 x 11 = 22). Sie besteht aus 2 Zweiern, die für geistige Höhe stehen. Dies kann aber auch verheerende Folgen für die Person haben, denn hier besteht die Gefahr, in Phantasterei und Träumerei zu verfallen. Der Mensch ist Selbsttäuschungen ausgesetzt und sollte sich besonders vor Alkohol und anderen Rauschmitteln in acht nehmen. Er muß rechtzeitig lernen, auf dem Boden der Realität zu bleiben, Trugbilder zu erkennen und auszuklammern. Besonders zu beachten ist der eigene Leichtsinn und die Vertrauensseligkeit, die viel Sorgen und oft unverdiente Strapazen bereiten können. Es ist keine Seltenheit, daß die eigene Gutmütigkeit und Hilfsbereitschaft durch Schmarotzer ausgenutzt wird. Auf jeden Fall besitzt der Namensträger die Fähigkeit, seine hohen Ideale in die Tat umzusetzen.

31 Die Zahl 31 ist hochspirituell, sie bedeutet Erleuchtung von innen. Das hebräische Wort für die Weltschöpfung hat den Wert 31. Die Person besitzt natürliche Intuition, und doch entwickelt sie auch auf der materiellen Ebene enorme Energien. Allerdings führt die Neigung zum Alleinsein oft zu Vereinsamung, Mangel und ausgeprägter Schwarzmalerei. Die 31 kündet künstlerische Talente an, die durch eine harmonische Partnerschaft zum Durchbruch kommen. Den Erfolg eines Menschen, der mit dieser Zahl verbunden ist, kann man an seiner Kontaktfreudigkeit messen. Armut und mühsame Arbeit erfahren nur Personen, die in Selbstgenügsamkeit und Isolation leben.

40 Nach ihrer ägyptischen Gefangenschaft wanderte das Volk Israel 40 Jahre durch die Wüste, auf der Suche nach dem Gelobten Land. Für 40 Tage hat sich Jesus in die Wüste zurückgezogen, um zu beten. Die Zahl 40 hat als Namenszahl eine besondere mystische Bedeutung. Man könnte sie die Zahl des Eremiten und des Einweihungsweges nennen, da die Person gewissermaßen gezwungen wird, einen Verzicht auf Annehmlichkeiten des Lebens in Kauf zu nehmen (z. B. ihre Gefühle und Leidenschaften zu begrenzen oder das Verlangen nach materieller Sicherheit zurückzustellen). Dafür jedoch wird ihr der geistige Weg geöffnet. Der Mensch sei dabei vor übertriebener geistiger Tätigkeit gewarnt, die zu Vereinsamung führen kann. Man sollte bei allen esoterischen Bemühungen die guten zwischenmenschlichen Beziehungen pflegen und sich nach Möglichkeit auch sozial engagieren. Grüblerei und Pedanterie könnten hier durch Hilfsbereitschaft und Geselligkeit gedämpft werden.

49 Die Zahl 49 erzeugt hohe Nervosität und übertriebene Genauigkeit. Dazu kommen Ärgernisse und Abkapselung, die zu Isolierung und Verminderung der Chancen führen. Die Resultate davon sind: eine untergeordnete Stellung, Unzufriedenheit (mit sich selbst und der Welt), viele Gegner und endlich die Einsamkeit. Man sollte sich mit Wohltätigkeit beschäftigen und an der eigenen geistigen Entwicklung arbeiten.

Die strahlende Fünf

5 (+) Von großer Wunsch- und Glaubenskraft, spontan, intelligent, dynamisch, entschlossen; mit schneller Reaktion, abenteuer- und reiselustig, sinnlich, gefühlvoll, sympathisch, romantisch, anziehend, kreativ, aktiv, großzügig; unternehmungslustig, begeisterungsfähig, geschäftstüchtig, freiheitsliebend und künstlerisch begabt.

5 (–) Launisch, unruhig, ungeduldig, cholerisch, nervös, mißmutig, herausfordernd, mürrisch und reizbar. Die mit der 5 verbundene Person kann ein risikofreudiger Spekulant sein, verschwenderisch, zu impulsiv, mit kurzlebigen Leidenschaften. Es kann sogar zu Ausschweifungen und Perversitäten kommen, wenn sie sich unverstanden fühlt und ihre Romantik und Zuneigung nicht ausdrücken kann.

14   Bringt Glück auf der materiellen Ebene durch Spekulationen und eigene Unternehmungen. Nicht umsonst verwendet man die Redensart »Hans im Glück«, denn der Name Hans hat den Zahlenwert 14. Sie ist aber auch eine Warnung vor Naturgewalten, Katastrophen und Pessimismus. Die 14 bringt der Person ein Leben, das von Abwechslung und Veränderung bestimmt ist. Man reist viel und kommt dadurch mit einer Menge Menschen in Kontakt. Je optimistischer die Person ist, desto größer ihr Erfolg.

23   Die 23 ist eine Zahl mit tiefer mystischer Bedeutung. Die Person ist vielseitig begabt und hoch spirituell. Sie wird durch höherstehende Personen, Freunde und Verwandte in ihren Vorhaben und Plänen unterstützt. Gute Kontakte und Verbindungen bringen sie leichter zu Erfolg und Anerkennung. Die Geistigkeit dieser Zahl verlangt nach Studium und Meditation. Man reist viel und ist in allen Gesellschaftskreisen beliebt. Toleranz, vielseitige Interessen und ein fröhliches Gemüt machen den Menschen anziehend. Die Zahl 23 verheißt dem Träger rednerisches Talent und starke Wunsch- und Suggestivkraft.

32   Dies ist eine strahlende Zahl, voll Bewegung und originellen Ideen. Sie bedeutet Heldentum, Heldenkraft und ist eine Art Quelle des Lichtes. Man hat viele Chancen und genießt oft unerwartete Hilfe zur Durchführung eigener Pläne. Wegen ihrer toleranten Kontaktfreudigkeit hat die Person einen sehr großen Freundes- und Bekanntenkreis. Sie sollte jedoch achtgeben, sich nicht negativ beeinflussen zu lassen. Der Mensch (wie bei allen Zahlen, deren Quersumme 5 ist) hat starke Glaubens- und Wunschkraft, darum ist es zu empfehlen, strengste Kontrolle über die eigenen Gedanken zu üben!

41 »Magische Gewalt« ist die verborgene Bedeutung dieser Zahl. Sie zeigt viele Erfolgsmöglichkeiten, vorausgesetzt, der Mensch hält an seinen Vorhaben fest und läßt sich nicht beeinflussen. Man hat günstige Gelegenheiten und bekommt im rechten Augenblick Unterstützung von außen, um sie zu realisieren. Erbschaften sind hier möglich.

50 Die Zahl 50 bedeutet Menschlichkeit. Die 5 ist Symbol für die fünf Elemente (Feuer, Wasser, Erde, Luft und die Quintessenz), und die 0 symbolisiert das All. Mit anderen Worten: Der Geist taucht in die Materie hinein. Namensträger mit der Zahl 50 sind harmonische, vielseitig intellektuell begabte Menschen, die sich stets zu helfen wissen, aber auch im rechten Augenblick Hilfe von außen erhalten. Ihre große Wunsch- und Glaubenskraft kann »Berge versetzen«. Allerdings sollte man lernen, diese Kraft immer positiv einzusetzen, denn andernfalls könnten die Auswirkungen verheerend sein.

Die liebende Sechs

6 (+) Liebe, Schönheit, Rhythmus, Harmonie und Heim sind ihre Ideale. Die mit der 6 verbundene Person ist freundlich, human, charmant, anziehend; mütterlich, friedlich, zuverlässig, idealistisch, tiefliebend, zärtlich, hilfsbereit, kontaktfreudig; gewissenhaft, sozial, eine perfekte Gastgeberin, hat Sinn für Präzision und kann gut mit den Finanzen umgehen.

6 (–) Zu leidenschaftlich, klatschsüchtig, intrigant, eifersüchtig, eingebildet, zu bequem, zu konservativ, geizig; bevorzugt Wechsel in der Liebe und in den freundschaftlichen Beziehungen; selbstgefällig und verschiedenen Süchten ausgesetzt (Essen, Alkohol, Rauchen); auch Neigungen zu Perversitäten aus unbefriedigtem Sexualleben.

15 Die Zahl 15 hat eine kräftige, magnetische Ausstrahlung (die Venuszahl). Der Mensch ist diskret und vertrauenswürdig, besitzt hohe Sensibilität und Vitalität. Sein rednerisches Talent ist von Überzeugungskraft geprägt. Er ist begeisterungsfähig und auf mehreren Gebieten künstlerisch begabt. Die Person ist jedoch Versuchungen und Lebensprüfungen ausgesetzt. Deshalb sollte sie einerseits alles mit Maß genießen, andererseits jedes Tun gut bedenken, bevor es in die Tat umgesetzt wird. Die Zahl 15 in Verbindung mit 4 oder 8 zeigt eine Neigung zur Schwarzen Magie, der man sich unbedingt widersetzen sollte.

24 Wer einen Namen mit dieser Zahl hat (z. B. Peter), genießt oft große Hilfe durch Freundschaften und das andere Geschlecht. Man hat Nutzen und Glück in der Liebe, wodurch auch Einfluß und Vermögen gestärkt werden. Freundschaftliche Beziehungen zu hochgestellten Personen werden geknüpft, wodurch man im Leben leichter vorwärtskommt. Teilhaberschaften und Investitionen lohnen sich, wenn der Mensch selbst großzügig, hilfsbereit und dankbar für das Erreichte ist.

33 Eine durchaus günstige Zahl, die »Hilfe von oben« durch echte Freundschaften und eine positive Ehe bedeutet. Die magnetische Ausstrahlung der 33 zieht eine reiche Auswahl von Möglichkeiten an. Man sollte dabei über eine gute Urteilskraft verfügen, um die Chancen präzise auswerten zu können. Da die Quersumme von 33 die Zahl 6 ergibt, hat die Person im Leben manche schwierige Situation zu meistern. Beachten wir gleichzeitig, daß 33 eigentlich 3 x 11 ist, was sowohl starke intuitive Begabung als auch ausgeprägte Opferbereitschaft für Ideale, Liebe und

Familie bedeutet. Bei guter Zahlenkombination kann jede Situation gemeistert werden.

42 Der mit dieser Zahl verbundene Mensch ist sehr sensibel und sollte seine Kunsttalente entwickeln (Schauspielerei, Bildhauerei, Töpferei u. a.). Man kann mit kräftiger Unterstützung von Gönnern und Freunden rechnen, insbesondere aber durch das andere Geschlecht. Die Person ist fleißig und sehr produktiv in ihrem Wirkungsgebiet und kann zu großer Anerkennung und Wohlstand kommen, nämlich dann, wenn ein harmonisches Zuhause ihr den Rücken stärkt.

51 Die Zahl 51 verleiht Führereigenschaften (z. B. in der Politik, beim Militär und in großen Organisationen). Der Mensch besitzt meist einen guten Charakter, ist fleißig, pflichtbewußt und intelligent. Er hat hervorragende Erfolgsmöglichkeiten, die er geschickt zu nutzen weiß. Dennoch hat er auch mit feindlich gesinnten Menschen zu kämpfen, denn er reagiert oft rücksichts- und taktlos. Mit der Namenszahl 51 sollte man Fingerspitzengefühl im Umgang mit anderen Menschen entwickeln und zu riskante Unternehmungen unbedingt meiden.

Die mystische Sieben

7 (+) Analytisch, intelligent, ehrgeizig, lernbegierig, tiefdenkend, neugierig auf alles, was verborgen ist (natürliche Neigung zu Philosophie und Mystik); interessiert an Kunst und Schönheit, will alles selbst sehen, verstehen und ausprobieren; gewissenhaft, loyal, geduldig, arbeitsam, reserviert, respektvoll, künstlerisch begabt, reisefreudig, großzügig und religiös. Sieben ist die Zahl der Vollkommenheit und der Harmonie im All.

7 (–) Verschlossen, pessimistisch, unruhig, unfähig, Gefühle auszudrücken; Hang zur Selbstisolation, taktlos, mißtrauisch, enttäuscht, ablehnend, unbeständig, einsam (kann große Feste und Partys nicht ertragen); unzufrieden mit sich selbst und den anderen; neigt dazu, »Verrücktheiten« zu tun oder sich verrückte Dinge anzuschaffen.

16 Keine günstige Zahl. Der Mensch muß stets auf der Hut sein und sich vor Unfällen und unerwarteten Schwierigkeiten in acht nehmen. Die 16 ist eine ausgesprochene Warnung und bedeutet, sich vor unnötigen, risikovollen Unternehmungen, aber auch vor zu großem Egoismus und Leidenschaften zu hüten. Die starke Nervosität, Ungeduld und Zornausbrüche müssen beherrscht werden, sonst könnten sie sich als psychosomatische Krankheiten auswirken. Hier kann autogenes Training oder Meditation eine große Hilfe sein.

25 Die Zahl 25 bringt dem Menschen, mit dem sie verbunden ist, vielfältige Ereignisse im Leben, die oft die Nerven belasten. Die vielen Begabungen müssen zur Entfaltung kommen und ausgewertet werden. Man braucht starken Willen und große Erfahrung, bis sich der Erfolg einstellt. Die 25 ist sehr explosiv und spontan – dies kann zu schweren Fehlern führen, die nicht mehr zu korrigieren sind. Die Person besitzt jedoch starke Vitalität und ist bereit, stets von neuem anzufangen. Sie sollte nur ihrem eigenen Verstand folgen und aus ihren Fehlern lernen. Nach der Sturm-und-Drang-Periode in ihrem Leben, wenn sie genügend Menschenkenntnis erworben hat, kommt der Erfolg.

34 Diese Zahl deutet auf viel Wechsel im Leben hin. Der Mensch hat manche Anfechtungen und Kämpfe durchzustehen. Er ist intelligent, intuitiv, sehr leidenschaftlich, vielseitig begabt, aber leider auch zu impulsiv und stark ichbezogen. Schon im Kindesalter wird er mit unfreundlichen Ereignissen konfrontiert, was seine Lebenserfahrung und analytische Beobachtungsgabe bereichert. Mit der Zeit kommt er zu gutem Erfolg, wenn er gelernt hat, die eigene Impulsivität zu beherrschen und mehr Nachsicht gegenüber den Ansichten und Leistungen der anderen zu üben.

43 Eine erfolgbringende Zahl. Allerdings beschert sie dem Menschen ein Temperament, das zu gewaltigen Gefühlsausbrüchen neigt. Es ist daher kein Wunder, daß dies Gegner und Feinde schafft und sogar heranzieht. Besitzt die Person keine Menschenkenntnis, wird sie durch falsch gewählte Freunde und Verbindungen Enttäuschungen erleben. Zorn und Ärger müssen gedämpft werden, denn sie bringen nur Unannehmlichkeiten.

52 Die Zahl 52 beschert der Person ein ereignisreiches Leben. Sie bedeutet auch Streit und Kampf mit Feinden, die man sich durch Nervosität und Affekthandlungen selbst anschafft. Der Mensch sollte weniger kritisch reagieren, sonst sind Fehlschläge kaum zu vermeiden. 52 ist die Anzahl der Wochen im Jahr, was viel Wechsel im Leben bedeutet. Diese Person muß oft in irgendeinem Abschnitt ihres Lebens durch kriegerische Auseinandersetzungen oder Gewalt leiden. Auf jeden Fall bringt die Zahl 52 häufigen Berufs- oder Stellungswechsel, Wohnort-, ja sogar Landeswechsel mit sich. Vorsicht vor Unfällen, wenn diese auch noch durch bestimmte Buchstaben im Namen angezeigt werden. Geistige Entwicklung und Meditation wirkt sich in jedem Fall sehr positiv aus und führt zum Erfolg.

Die gerechte Acht

8 (+) Erfolg, Macht, Kraft, Konzentration und Selbstkontrolle durch starke Willenskraft sind ihre Ideale. Die mit der 8 verbundene Person ist praktisch, energisch, aktiv, anziehend, faszinierend, tüchtig, schnell, loyal; hat wenig Freunde (aber für diese setzt sie sich mit aller Kraft ein), große Selbstdisziplin, Spürsinn für Geldanlagen und kann Pläne und Ideen kreativ verwirklichen. Sie ist nur dort wohltätig, wo es nötig ist.

8 (–) Ungeduldig, kalt, distanziert, hart, fanatisch; grob, tyrannisch, rachsüchtig (mit allen Mitteln kämpfend), skrupellos, gewalttätig, rebellisch; schwerfällig, isoliert, verlangt zuviel von ihren Mitmenschen.

17 Die Zahl 17 bringt Schwierigkeiten im Leben, aber sie ist edel. Der Namensträger ist hilfsbereit und lieb zu den Mitmenschen, leider auch zu nachgiebig um des Friedens willen. Dies bringt Enttäuschungen mit sich, die er hinunterschluckt, um dann verbittert zu schweigen. Man sollte lernen, auch ein klares Nein sagen zu können und eigene spirituelle Wege zu gehen. Auf diese Weise gewinnt man echte Freunde und Anerkennung für sein Tun.

26 Keine günstige Zahl. Sie beinhaltet Warnungen und Mahnungen, hauptsächlich bezogen auf Spekulationen und Partnerschaften jeder Art. Nur harte Arbeit und exakte Planung bringen berufliche Erfolge. Pessimismus und Abkapselung ziehen Mißerfolge nach sich. Manchmal leidet die Person unter starker Melancholie, leichter Reizbarkeit und übertriebenen Wutanfällen. Dies alles sollte in Optimismus umgewandelt werden, denn der Schwarzseherei folgen nur negative Ereignisse. Auch Sturheit und Konservatismus könnten dem Menschen im Berufsleben schaden und Prozesse einbringen. Menschen mit der Zahl 26 sollten lernen, das positive Denken zu praktizieren.

35 Eine ungünstige Namenszahl, die vor jeglicher Partnerschaft warnt. Seltsamerweise fühlt man sich zu unpassenden Partnern hingezogen. Der Namensträger ist gutmütig, fleißig und pflichtbewußt, aber gerade dies wird von den anderen ausgenutzt. Die 35 beschert manches Ärgernis und finanziellen Verlust, denn der Betreffende ist geneigt, die gegenwärtige Situation falsch einzuschätzen. Man sollte einen Lebenspartner haben, der mehr von Geschäften versteht als man selbst, und ihm die finanzielle Verantwortung überlassen.

44 Keine günstige Zahl. Ein Mensch mit dieser Zahl ist rasend ehrgeizig und sehr materiell orientiert. Enttäuschungen in der Liebe sind an der Tagesordnung; logischerweise werden diese Verbindungen zur seelischen Qual, zu Herzensdramen und Enttäuschungen. Damit warnt die 44 vor schlechten Ratgebern, falschen Freunden und Partnern. Spekulationen und tätige Teilhaberschaften bringen fast immer Mißerfolge. Dagegen erweisen sich stille Beteiligungen mit gut durchdachten Verträgen als günstig und lohnend.

Die göttliche Neun

9 (+) Edelmütig, sensibel, hilfs- und opferbereit; kraftvoll, mutig, gerecht, entschlossen, freundlich, human, loyal, treu, liebevoll; hellsichtig (mit Interessen für Okkultismus und Philosophie), begeisterungsfähig, überzeugend, künstlerisch und rednerisch begabt; großzügig und sozial.

9 (−) Egozentrisch, launisch, taktlos, verschwenderisch, geld-

und machtgierig; traurig, melancholisch, eingebildet, intolerant und zu impulsiv; Vorsicht vor Unfällen im Straßenverkehr!

18 Die Zahl 18 weist auf einen machtgierigen und materiell orientierten Menschen hin. Sein kämpferisches Gemüt unterdrückt die in ihm vorhandene geistige Kraft auf Kosten des materiellen Wohlstandes. Die Person muß auf dauernden Kampf mit Feinden oder in der Familie vorbereitet sein. Die 18 ist mit Untreue, Verrat und Krieg verknüpft. Merkwürdigerweise erwirbt der Betreffende oft Positionen und Vermögen durch kriegerische Auseinandersetzungen und Revolutionen. Man sollte unbedingt zuverlässiger werden und sich vor Naturgewalten wie Blitz und Elektrizität hüten.

27 Eine harmonische und damit sehr günstige Zahl. Dieser Mensch ist berufen, Führerpositionen anzunehmen, vorausgesetzt, er weiß sich zu beherrschen, ist geduldig und wißbegierig. Die 27 verlangt geradezu nach bewußter geistiger Entwicklung und langfristigen Zielsetzungen, die konsequent verfolgt werden müssen. Man sollte den Alkohol mit Maß genießen und seine Freizeit für geistige Weiterentwicklung verwenden.

36 Eine künstlerische Zahl, die große Erfolge beschert, wenn die Person eine geistige Tätigkeit ausübt. Nur müßte man mehr Selbstvertrauen haben und sich gar nicht um die Meinung anderer kümmern, sondern eigene Wege und Ideen zu realisieren versuchen. Der Betreffende ist künstlerisch und rednerisch begabt. Viele berühmte Schauspieler, Rechtsanwälte und Schriftsteller haben diese Namenszahl. Klargesetzte Ziele werden durch ehrliche Arbeit und viel Intuition realisiert. Mit der Zeit kommt man zu Ruhm und Ansehen.

45   Die 45 ist eine starke und schöpferische Zahl. Man kommt zu ausgezeichneten Stellungen und Positionen, vorausgesetzt, man läßt sich nicht von außen beeinflussen. Starke Reizbarkeit und gelegentliche Zornausbrüche müssen vermieden werden, indem man sich in Selbstbeherrschung, Geduld und Ausdauer übt. Dieser Mensch hat viele gute Chancen, die er rechtzeitig wahrnimmt und ausnützt.

Namen mit Zahlenwerten über 52 müssen durch Summierung (bis zur einfachen Zahl) ausgewertet werden. Hat ein Name zum Beispiel eine Gesamtsumme von 75, deutet man zuerst die Quersumme 12 (7 + 5 = 12) und dann die Quersumme 3 (1 + 2 = 3). Auch bei Zahlen *bis* 52 sollten natürlich immer die Quersummen mit in Betracht gezogen werden!
Anfangs habe ich erwähnt, daß der Name unser *irdisches* Karma enthält. Sie haben es mit Sicherheit schon gemerkt: Die Namenszahlen beinhalten oft Belehrungen und Anweisungen für bestimmte Verhaltensweisen und sogar Warnungen. Dies ist aus gutem Grunde so. Wir sind nämlich hier, um ganz bestimmte Aufgaben zu meistern, um zu lernen und um uns geistig ständig weiterzuentwickeln. Die Warnsignale in den Namen sind Wegweiser, die den Weg zur Erfüllung unseres *kosmischen* Karmas anzeigen. Das kosmische Karma ist in unserem Geburtsdatum kodifiziert, und seine verborgene Bestimmung müssen wir erfüllen. Sträuben wir uns dagegen, werden wir viele Schwierigkeiten in unserer Lebenswanderung in Kauf nehmen müssen.
Bei längerer Beschäftigung mit der Zahlenmystik werden Sie feststellen, daß viele Menschen nur nach ihrem Namen leben und sich wenig nach ihrem Geburtsdatum orientieren. Dies geschieht vor allem dann, wenn Name und Geburtsdatum in Disharmonie zueinander stehen und dabei die Namenszahl viel kräftiger als die Geburtstagszahl ist.
Namen, die Buchstabenverdoppelungen aufweisen, sind nicht

besonders günstig, denn sie enthalten zwei benachbarte gleichartige Energiepole, die sich gegenseitig abstoßen. Vergleichen wir dies mit der Elektrizität, wird ersichtlich, daß an dieser Stelle eine dauernde Unterbrechung des Stromkreises stattfindet.

Übertragen auf den Namen bedeutet das erstens: Bei großer physischer oder seelischer Belastung gibt es eine Unterbrechung des entsprechenden Kraftstromes, ein »schwarzes Loch« im Gemüt, wenn Sie so wollen. Dies kann zu Unfällen, schweren Krankheiten oder unkontrollierbaren Handlungen führen. Zweitens bedeutet es eine innere Spannung, Zerrissenheit, Unzufriedenheit mit sich selbst und den anderen.

Numerologisch gesehen ist die Verdoppelung von Buchstaben in einem Namen immer eine Warnung für den betreffenden Menschen, und er ist gut beraten, wenn er risikovolle Berufe (z. B. Pilot, Rennfahrer u. a.) meidet und sich auch vor Unfällen im Beruf, beim Sport und im Straßenverkehr in acht nimmt.

Es empfiehlt sich übrigens, Namen aus einer fremden Sprache in ihrer Originalform (Sprache) zu berechnen – z. B. France statt Frankreich, Milano statt Mailand usw.

Herzzahl (HZ)

Die Summe der Vokale (Selbstlaute) ergibt die Herzzahl eines Namens oder Begriffs. Diese Zahl zeigt die innere Beschaffenheit, die Gedanken, Ideale und Bestrebungen des Wesens sowie sein verborgenes Potential an Kraft und Energie.

Die Quersumme aller Vokale im Namen ergibt eine Endzahl zwischen 1 und 9 (die Deutung ist in der Aufstellung der Namenszahlen von 1 bis 9 nachzulesen). Es ist dabei zu beachten, daß das »Y« als Konsonant (Mitlaut) gewertet wird, es sei denn, es gibt keinen anderen Vokal im Namen (wie beim Namen Kym).

Beispiel (der Name ist frei erfunden):

O s k a r   K y m = 15 + 7 = <u>22</u>; 2 + 2 = <u>4</u>; NZ = 4
7+3+2+1+2   2+1+4
‾‾‾‾‾‾‾‾   ‾‾‾‾‾
    15   7

Herzzahl: O+a+y = <u>9</u> HZ = 9
           7+ 1+1

Oskar Kym hat die Namenszahl 22 (= 4) und die Herzzahl 9. Beim Namen Meyer liegt der Fall etwas anders. Hier ist das »Y« nicht als Vokal zu berechnen, denn in diesem Namen sind bereits zwei »e« (= 5) vorhanden. Dies ergibt eine Herzzahl von 1 (denn 5 + 5 = 10 und 1 + 0 = 1).

Persönlichkeitszahl (PZ)

Die Persönlichkeitszahl berechnet man aus der Summe aller Konsonanten im Namen. Sie gibt Auskunft über das Verhältnis zwischen Person und Außenwelt. Durch sie kann man ziemlich genau beurteilen, wie ein Mensch nach außen erscheint und wie die anderen ihn einschätzen und empfinden. Selbstverständlich sollte auch hier das ganze Zahlenbild berücksichtigt werden, denn sonst sind die Schlußfolgerungen einseitig und unvollkommen. An den Zahlenkombinationen zweier bekannter Männer der Gegenwart möchte ich die Rolle der Persönlichkeitszahl verdeutlichen.

1. Beispiel:
R o n a l d   R e a g a n = 22+17 = 39; 3+9 = 12
2+7+5+1+3+4   2+5+1+3+1+5
‾‾‾‾‾‾‾‾‾‾   ‾‾‾‾‾‾‾‾‾‾‾
    22   17

1 + 2 = 3; Namenszahl = 3

o+a+e+a+a = 15; 1+5 = 6
7+1+5+1+1
‾‾‾‾‾‾‾‾‾
   15
Herzzahl = 6

R+n+l+ d+R+g+ n = 24; 2+4 = 6
2+ 5+ 3+4+2+ 3+ 5
‾‾‾‾‾‾‾‾‾‾‾‾‾‾‾‾
         24
Persönlichkeitszahl = 6

Reagans Geburtstag ist der 6. 2. 1911. Die Geburtstagszahl (6) gleicht der HZ und der PZ in seinem Namen.
Am Beispiel des ehemaligen amerikanischen Präsidenten sehen wir eine Übereinstimmung von Geburtstags-, Herz- und Persönlichkeitszahl. Dies bedeutet, daß Herr Reagan in seinen Gedanken, Idealen und Bestrebungen stets sich selbst treu ist (Geburtstagszahl = Herzzahl). Seine Familie sowie Mitarbeiter und Freunde empfinden ihn so, wie er wirklich ist (Geburtstags- und Herzzahl = Persönlichkeitszahl). In seinem Fall ist das Prinzip »wie innen so außen« besonders deutlich ausgedrückt.

2. Beispiel:
F r a n z   B e c k e n b a u e r = 23+38 = 61
8+2+1+5+7   2+5+3+2+5+5+2+1+6+5+2
‾‾‾‾‾‾‾‾   ‾‾‾‾‾‾‾‾‾‾‾‾‾‾‾‾‾‾‾‾‾
   23   38
6 + 1 = 7; Namenszahl = 7

a+e+e+a+u+ e = 23; 2+3 = 5
1+5+5+1+6+ 5
‾‾‾‾‾‾‾‾‾‾‾
     23
Herzzahl = 5

$$\frac{F+r+n+z+B+c+k+n+b+r}{8+2+5+7+2+3+2+5+2+2} = 38; \quad 3+8 = \underline{\underline{11}}; \quad 1+1 = \underline{\underline{2}}$$

$$38$$

Persönlichkeitszahl = 11 (2)

Beckenbauers Geburtstag ist der 11. 9. 1945 (Geburtstagszahl = 11).

Auch die Zahlenkonstellation von Herrn Beckenbauer ist dadurch gekennzeichnet, daß Geburtstags- und Persönlichkeitszahl identisch sind. Die Zahl 11 ist eine Meisterzahl, die Erleben, Denken und Fühlen auf einer höheren Ebene bedeutet. Außerdem ist Beckenbauer als »Zweier-Mensch« (Quersumme der Geburtstagszahl 11 = 2) für das Leben in der Familie und im Kollektiv wie geschaffen – stets besorgt um das Wohlergehen der Gemeinschaft.

Herr Beckenbauer ist anpassungsfähig, beweglich, vielseitig interessiert und kann gut mit finanziellen Angelegenheiten umgehen (HZ = 5). Seine Namenszahl verrät fortschrittliche, pädagogische Führungsqualitäten. Die Zahl des Nachnamens (Beckenbauer) ist identisch mit der Geburtstagszahl 11, die gleichzeitig eine 2 ist. 7 als Gesamtnamenszahl und 2 als Geburtstagszahl bilden eine Kraftlinie, die sich auf seine Persönlichkeit sehr günstig auswirkt.

7 bedeutet nicht nur Individualismus, Vielseitigkeit und Weisheit, sondern bringt Erfolg, besonders bei internationaler Tätigkeit. Die Zahl 23 (Quersumme 5) und die Gesamtnamenszahl 7 zwingen zu Bewegung und Reisen. Man könnte sagen, die Person »lernt« und »reift« unterwegs.

Namenskorrekturen

Jede Namensveränderung muß den Einklang zwischen Geburtstagsdatum und Namenszahl verbessern, sonst ist sie sinnlos und sogar schädlich. Will jemand sein irdisches Karma durch Namensänderung verbessern, sollte er dies nach folgender Regel tun:

a) Die Quersumme des Gesamtnamens sollte mit dem Geburtstagsdatum (auch hier die Quersumme bei zusammengesetzten Zahlen) identisch sein.

b) Ist das nicht möglich, dann sollte mindestens die Herz- oder Persönlichkeitszahl mit der Geburtstagszahl übereinstimmen. Die Veränderung kann bei Menschen, die mehrere Vornamen haben, schon durch Verkürzung oder Weglassen von Vornamen geschehen. Man kann auch den 1. Buchstaben des 2. Vornamens zwischen Vor- und Nachnamen schreiben oder, wenn kein 2. Vorname vorhanden ist, den 1. Buchstaben des väterlichen Vornamens. Ein Beispiel (Name und Daten sind frei erfunden):

$$\underbrace{\text{H e i d i}}_{16} \quad \underbrace{\text{K u h n}}_{18} = 16 + 18 = 34; \ 3+4 = \underline{\underline{7}}$$
$$5+5+1+4+1 \quad 2+6+5+5$$

Namenszahl = 7

$$\underbrace{e+i+i+u}_{13} = 13; \ 1+3 = \underline{\underline{4}}$$
$$5+1+1+6$$

Herzzahl = 4

$$\frac{H+d+k+h+n}{5+\ 4+2+5+5} = 21;\ 2+1 = \underline{\underline{3}}$$

21

Persönlichkeitszahl = 3

Heidi Kuhn ist am 18. 6. 1956 geboren. Wie man sieht, herrscht im Zahlenbild totale Diskrepanz. Die Namenszahl 7 paßt nicht zur Geburtstagszahl 9 (denn 1 + 8 = 9), und weder Herz- noch Persönlichkeitszahl sind mit ihr identisch. Nehmen wir aber an, daß Heidi mit dem 2. Vornamen Barbara heißt. Sie hat dann die Möglichkeit, ihren Namen wie folgt zu schreiben: Heidi B. Kuhn. »B« hat den Zahlenwert 2. Somit steigt ihre Namenszahl von 34 auf 36 an. Der so erreichte Zahlenwert hat die Quersumme 9, und damit ist die Harmonie zwischen Geburtstags- und Namenszahl hergestellt. Falls sie aber keinen günstigen Vornamen hat, könnte sie den 1. Buchstaben vom Vornamen ihres Vaters (falls er z. B. Ralf, Bert oder Karl heißt) auf dieselbe Art in ihren Namen integrieren. Somit bekommen wir die neuen Werte:

$$\underbrace{\begin{array}{c}\text{H e i d i}\\5+5+1+4+1\end{array}}_{16}\ \underbrace{\begin{array}{c}\text{B.}\\2\end{array}}_{2}\ \underbrace{\begin{array}{c}\text{K u h n}\\2+6+5+5\end{array}}_{18} = 36;\ 3+6 = \underline{\underline{9}}\ \text{NZ} = 9$$

Namenszahl = 9

$e + i + i + u = 13;\ 1 + 3 = \underline{\underline{4}}$

Herzzahl = 4 (wie oben)

$$\frac{H+d+B+K+h+n}{5\ +4+2+\ 2+\ 5+5} = 23;\ 2+3 = \underline{\underline{5}}$$

23

Persönlichkeitszahl = 5

Falls kein 2. Vorname vorhanden ist und der Vater keinen geeigneten 1. Buchstaben im Vornamen hat, kann man auch einen passenden Buchstaben auswählen und in den Namen integrieren, bis er durch ständige Benützung »eingebürgert« ist. Auf die gleiche Weise könnten wir in dem Fall Heidi Kuhn auch eine Korrektur vornehmen, die die Herzzahl von 4 auf 9 oder die Persönlichkeitszahl von 3 auf 9 erhöht.

c) Bei Neugeborenen wählt man einen Vornamen, der zusammen mit dem Nachnamen genau dieselbe Endzahl ergibt wie die Quersumme des Geburtstagsdatums. Ein einfaches Beispiel:
In der Familie Moser ist am 14. 2. 1983 ein Mädchen zur Welt gekommen (also, ein »Fünfer«-Mensch, denn $1 + 4 = 5$). Der Nachname Moser ergibt 21; $2 + 1 = 3$. Man benötigt hier einen Vornamen mit dem Wert 2, damit der Gesamtname 5 wird – genausoviel wie das Geburtstagsdatum. In diesem Fall würden Namen wie Monika, Barbara, Marion, Larisa oder Regula günstig sein.

d) Ähnlich ist das Verfahren bei der Namensgebung von Tieren, vorausgesetzt, man kennt das genaue Geburtstagsdatum. Hier ist zu empfehlen, genau wie beim Menschen einen Namen zu wählen, dessen Gesamtzahlenwert identisch mit der Geburtstagszahl ist. An zwei Beispielen wollen wir dies verdeutlichen:
Ein Pferd, das am 10. 3. geboren ist, bekommt den Namen Opal = 19; $1 + 9 = 10$; $1 + 0 = 1$. Eine Hündin, am 16. 4. geboren (also ein »Siebener«-Tier), bekommt den Namen Lara = 7. Dabei sollte man Buchstabenverdoppelungen meiden und möglichst kurze, einfache Namen wählen. Wie bereits erwähnt, garantiert dies einen unkomplizierten, klaren Charakter. Hier ein Beispiel aus meinen Tierbeobachtungen:
Eine befreundete Familie hat einen Terrierrüden, der am 5. 5. 1976 geboren ist und Hassan heißt. Hassan = 18; $1 + 8 = 9$. Der Hund hat einen »Neuner«-Namen, der nicht zu seinem Geburtstagsdatum 5 paßt. Es ist ein gütiges, geduldiges und

sehr intelligentes Tier. Die Zahl 18 in seinem Namen weist jedoch unter anderem auch auf Unfälle in der Natur hin. Das doppelte »s« im Namen unterstreicht diesen Aspekt.

Beim Spaziergang mit seinem Herrn kam der Hund mit dem rechten Vorderbein unter ein zu schnell fahrendes Auto. Es geschah 1979. Die Berechnung für diese Zeitspanne ist folgende: Geburtstagszahl – Monatszahl – Jahreszahl (5 + 5 + 1 + 9 + 7 + 9 = 36, 3 + 6 = 9). Wieder haben wir die Zahl 9 mit der Bedeutung »Vorsicht vor Unfällen im Straßenverkehr«.

Wie ersichtlich kann man die Numerologie als Orientierungshilfe überall einsetzen und dort, wo es nötig ist, Vorsicht walten lassen. Bei der Harmonisierung von Zahlenkombinationen sollte man die ungünstigen Buchstaben »x« und »z« meiden.

An dieser Stelle möchte ich noch einmal auf das Thema Sympathie zwischen den Zahlen eingehen. Oft bilden verwandte Zahlen energiegeladene Kraftlinien (Ketten), die von größter Bedeutung sind. Die Glieder einer Kette ergänzen sich, beeinflussen sich positiv, wirken schöpferisch aufeinander, denn sie schwingen auf »verwandten« Wellenlängen.

Kraftlinien, die sich aus den Endzahlen von Namen und Geburtsdatum ergeben, sind sehr günstig. Sie verleihen der Person innere Stärke und Gleichgewicht, je nachdem, welchen Platz sie in der gesamten Zahlenkombination einnehmen. Es spielt dabei keine Rolle, welchen Platz die Zahlen aus einer Kraftlinie im gesamten Zahlenbild haben. Wie die Erfahrung zeigt, wirken sich sogar Teile von bestimmten Zahlenketten positiv auf die gesamte Zahlenkombination aus.

Ein paar solcher Zahlenverbindungen, die man als *Sympathieketten* in einem Zahlenbild gelegentlich vorfindet, lauten wie folgt:

1 – 2	2 – 7
1 – 4	2 – 5 – 7
1 – 5 – 6	3 – 6 – 9 – 12 … (Linie der Kraft)

Nehmen wir als Beispiel die 1. Zahlenverbindung (1 − 2):
a) Die Gesamtnamenszahl ist 1, Geburtstagsdatum (auch die Quersumme davon) 2 oder umgekehrt.
b) Das Geburtsdatum lautet:
1. 2., 10. 2., 19. 2., 28. 2. oder
1. 11., 10. 11., 19. 11., 28. 11. oder
2. 1., 11. 1., 20. 1., 29. 1.
c) Eine Person mit einer beliebigen Gesamtnamenszahl hat die Herzzahl 2 und Persönlichkeitszahl 1 oder umgekehrt.
d) Vorname = 1, Nachname = 2 oder umgekehrt.
e) Nehmen wir an, eine Person ist am 4. 2. 1945 geboren. Dem Monat entspricht die 2, dem Jahr die 1 (denn 1945 = 1 + 9 + 4 + 5 = 19; 1 + 9 = 10; 1 + 0 = 1).

Erfahrungsgemäß ist es günstiger, wenn die Zahlen in solchen Sympathieketten an den wichtigen Schlüsselpositionen (Gesamtnamenszahl oder Geburtstagszahl) stehen.
Ein Beispiel dafür (Namen und Daten sind frei erfunden):

P a t r i c k   H u b e r = 21+20 = 41 = 5;
8+1+4+2+1+3+2   5+6+2+5+2   NZ = $\underline{\underline{5}}$; HZ = $\underline{\underline{4}}$; PZ = $\underline{\underline{1}}$
─────────────   ───────────
     21   20

Er ist geboren am 6. 1. 1980.

Hier haben wir gleich drei Zahlenketten:
1 − 5 − 6 (Gesamtname = 5, Geburtstagszahl = 6 und Monatszahl = 1),
1 − 4   (HZ = 4 und PZ = 1) und schließlich
3 − 6 − 9 (Vorname = 3, Geburtstagszahl = 6 und Jahreszahl = 9).

Geburtsdatum (kosmisches Karma)

> Es ist auch eine große Frage,
> von wo und wie die großen Kräfte und
> wunderliche Macht der Sterne kommen;
> denn sie besitzen große Macht für die
> Gesundheit des Menschen und andere Dinge.
> *Konrad von Megenberg (1309–1378)*

Das Geburtsdatum ist Träger eines ganz bestimmten kosmischen Karmas und zeigt gleichzeitig unsere verwandtschaftlichen Beziehungen zu allen anderen Lebewesen und Dingen im Universum an. Jeder von uns ist eigentlich eine Art Lochkarte, die mit ihrem Zahlenkode durch den Weltcomputer geht.

Die Geburtstagszahl gibt dem Eingeweihten Auskunft über das Temperament, das geistig-körperliche Erbe und zeigt die ganz persönlichen Entsprechungen (Mitmenschen, Tiere, Mineralien, Planeten usw.) in der Umwelt eines Menschen.

Die Monatszahl, die in etwa dem Tierkreiszeichen einer Person entspricht, berichtet über die allgemeinen Tendenzen und Lebensdaten einer Person (oder eines Tieres). Die Jahreszahl schließlich verrät viel Wissenswertes über die Zukunft des betreffenden Menschen.

Die Quersumme eines Geburtsdatums zeigt den spezifischen Lebensweg an, in dem die Bestimmung und die Hauptlebensaufgaben einer Person kodifiziert sind.

Geburtstagszahl

Die Geburten sind zwischen den Monatstagen von 1 bis 31 verteilt.

Das erste Drittel dieser Zahlen (von 1 bis 9) sind die einfachen Zahlen, die allgemein auf handwerkliches Können ohne besondere intellektuelle Bestrebungen hinweisen.

Das zweite Drittel umfaßt die Daten von 10 bis 19. Dies sind die ausgeprägten intellektuellen Zahlen, die in sich (als Quersumme) außerdem viel handwerkliches Geschick beinhalten können.

Die Geburtstagszahlen von 20 bis 29 sind stark geistig orientiert. Bei diesen zusammengesetzten Zahlen ist stets eine 2 an erster Stelle vorhanden, und dies bedeutet, daß das Intuitiv-Geistige vor dem materiellen Aspekt steht. Besonders interessant sind die Verbindungen der 2 mit einer ungeraden Zahl: 21, 23, 25, 27 und 29. Bei all diesen Geburtstagszahlen ist eine Einheit vorhanden zwischen dem Intuitiv-Weiblichen der 2 und den rational-männlichen Elementen (Yin- und Yang-Prinzipien), die sich bedeutungsvoll für eine Person auswirken kann.

Die Geburtstagsdaten 30 und 31 sind sehr sensible, hochgeistige Zahlen und bezeichnen deshalb meist verschlossene und abgekapselte Menschen. Oft beobachtet man hier einen Mangel an Flexibilität und Kontaktfreudigkeit. Manchmal (je nach gesamter Konstellation) behindert bei diesen Menschen starker Pessimismus die objektive Sicht und die Entwicklung.

Von den zusammengesetzten Geburtstagszahlen bildet man die Quersumme bis zur Grundzahl (von 1 bis 9), bevor man sie weiter deutet. Ausnahmen von dieser Regel sind bei den Zahlen 11, 29 (2 + 9 = 11) und 22 gestattet, vorausgesetzt, der Gesamtname der Person hat ebenfalls den Wert 11 oder 22. Falls solch eine Zahlenkombination vorhanden ist, verstärkt sich die allgemeine Bedeutung der sogenannten Meisterzahlen bis hin zur Genialität (im Wirkungsgebiet der jeweiligen Person). Die Regel jedoch ist, alle Geburtstagszahlen von 10 bis 31 auf einfache Zahlen zu reduzieren, um sie dann erst zu deuten. Auf diese Weise unterscheidet man in der Numerologie folgende Menschentypen:

Personen	*Geburtstagsdaten*
Einer	1., 10., 19., 28.
Zweier	2., 11., 20., 29.
Dreier	3., 12., 21., 30.
Vierer	4., 13., 22., 31.
Fünfer	5., 14., 23.
Sechser	6., 15., 24.
Siebener	7., 16., 25.
Achter	8., 17., 26.
Neuner	9., 18., 27.

Die obige Verteilung gilt ebenso für Geburtstagsdaten (von Mensch und Tier) wie für Gründungsdaten von Firmen, Städten usw. Aus folgender Aufstellung geht die Bedeutung der Geburtstagsdaten im einzelnen hervor:

Bedeutung der Geburtstagsdaten

1., 10., 19., 28.

Das Hauptgestirn der Einer-Menschen ist die Sonne – die Quelle aller Energie. Deswegen sind diese Personen voller Kraft und Gesundheit. Allgemein positiv und erfinderisch, besitzen sie ein gutes Gedächtnis, Wille und ein ausgeprägtes Pflichtgefühl. Sie sind unabhängig, entschlossen und stolz auf die Ergebnisse, die sie erzielen. Die Einer sind die geborenen Führernaturen, die zu leiten und zu organisieren verstehen. Allerdings reagieren sie manchmal dickköpfig, vertreten starrsinnig ihre eigene Meinung und lehnen jeden guten Rat ab.

Diese Menschen sind dominierend, aber oft auch taktlos, egoistisch, tyrannisch und stark explosiv. Sie dulden keine Widerrede und sind bereit, ihre Ziele auch mit Gewalt zu verteidigen und schließlich zu realisieren.

Die Einer brauchen verständnisvolle, nachgiebige Menschen um sich, die ihnen liebevoll vertrauen und bei denen sie Bestätigung für ihre hochfliegenden Ziele finden. Ist dies der Fall, zeigen sie sich als großzügige, geduldige, treue Freunde und Beschützer.

Was ihr Wirken und Schaffen betrifft, sind diese Menschen sehr schöpferisch. Viele von ihnen sind forschende Wissenschaftler, hervorragende Künstler, Techniker und Erfinder – so z. B.: Friedrich von Schiller (*10. 11.), Otto von Bismarck (*1. 4.), Paul Cézanne (*19. 1.), Johann Wolfgang von Goethe (*28. 8.), Oskar Kokoschka (*1. 3.), Martin Luther (*10. 11.) u. a.

Man kann den Einer als sehr ehrgeizig und tüchtig bezeichnen, wohl geeignet für leitende Positionen, vorausgesetzt, er besitzt Taktgefühl und ist zur Zusammenarbeit mit anderen bereit. Es ist auch sehr vorteilhaft, wenn er bei der Verwirklichung seiner Ziele nicht zuviel riskiert. Seine Art, stets aufs Ganze zu gehen, kann erhebliche Verluste einbringen. Er sollte die eigenen großen Ambitionen beherrschen, aber auch die guten Ratschläge von Nahestehenden und Freunden akzeptieren lernen.

Der Einer braucht für sein inneres Gleichgewicht körperliche Betätigung (jedoch keinen Hochleistungssport wegen der damit verbundenen Risiken).

Gute Zeit: Sonntag ist der beste Wochentag der Einer-Menschen. Fällt der Sonntag auf einen Einer-Tag (1., 10., 19. oder 28. in irgendeinem Monat), dann ist er sehr günstig für wichtige Unternehmungen. Zweitbester Tag der Woche ist der Montag, besonders mit den Daten 4., 13., 22. und 31. Günstige Wochentage und Monatsdaten kann man beliebig untereinander kombinieren.

2., 11., 20., 29.

Hauptplanet der Zweier-Menschen ist der Mond. Das bedeutet Weiblichkeit, Sanftmut und Streben nach Gleichgewicht in jeder Hinsicht. Diese Personen sind intellektuell, produktiv, phantasie-

reich, intuitiv, zartfühlend, aber häufig auch stark emotionell belastet und ängstlich. Oft befürchten sie, obwohl sie nach außen ruhig erscheinen, daß ihre Umwelt aus dem Gleichgewicht geraten könnte.
Die Zweier sind künstlerisch (auch kunsthandwerklich), technisch und naturwissenschaftlich begabt, jedoch gesundheitlich weniger widerstandsfähig.
Sie sind meist gute Untergebene, die feinfühlig und diplomatisch an die Probleme (am Arbeitsplatz und in der Familie) herangehen. Indem sie mit gutem Beispiel vorangehen, meistern sie spielend alle Schwierigkeiten. Wegen ihrer Hilfsbereitschaft sind sie im Kollektiv und in der Gesellschaft sehr beliebt. Berühmte Zweier-Menschen sind: Miguel de Cervantes (*29. 9.), Alexander Solschenizyn (*11. 12.), Carl Zeiss (*11. 9.), J. B. Rhine (*29. 9.), Giacomo Casanova (*2. 4.), Robert Koch (*11. 12.), Richard Strauss (*11. 6.), James Stewart (*20. 5.) u. a.
Gute Zeit: Bester Wochentag für Zweier ist der Montag, die besten Monatsdaten sind 2., 11., 20. und 29. In zweiter Linie sind Freitag, Sonntag und die Daten 1., 10., 19., 28.; 4., 13., 22., 31. und 7., 16., 25. gut.

3., 12., 21., 30.
Hauptplanet der Dreier-Personen ist Jupiter – ein strahlender, glückbringender Himmelskörper. Die Menschen mit diesen Geburtstagszahlen haben teil an der »Linie der Kraft« (3, 6, 9, 12, 15 …), was sich im Leben sehr günstig auswirken kann.
Allgemein sind die Dreier optimistisch, enthusiastisch, energisch, liebenswürdig und geistreich. Sie lieben es zu studieren und sind meist künstlerisch, kaufmännisch und rednerisch begabt (oft arbeiten sie in sozial-humanitären Berufen und in der Politik). Besondere Erfolge im Beruf erreichen sie dort, wo menschliche Kontakte erforderlich sind.
Diese Personen sind kreativ, begeisterungsfähig, überzeugend, ehrgeizig, verantwortlich, meist guter Laune und gesund. Sie brauchen eine Beschäftigung, wo sie alle ihre Kräfte einsetzen

können. Andernfalls werden sie hochmütig, herrschsüchtig und neigen zur Abkapselung.

Die Dreier sind vielseitig begabt und somit im Leben auf mehreren Gebieten erfolgreich. Sie wollen geliebt werden und sind selbst tiefer, beständiger Liebe fähig. Sie verstehen es, über ihren Stand und ihre Familie hinauszuwachsen. Das liegt an ihrer dynamischen Natur und ihren sozialen Gefühlen, mit denen sie bereitwillig auf die Bedürfnisse ihrer Mitmenschen eingehen.

Berühmte Dreier-Personen: Francisco José de Goya (*30. 3.), Winston Churchill (*30. 11.), Ferdinand Porsche (*3. 9.), Pfarrer Johann Künzle (*3. 9.), Königin Elisabeth II. (*21. 4.), Heinrich Pestalozzi (*12. 1.), Theodor Fontane (*30. 12.), Vincent van Gogh (*30. 3.), Felix Mendelssohn-Bartholdy (*3. 2.) u. a.

Gute Zeit: Donnerstag ist der beste Wochentag der Dreier und die Daten 3., 12., 21. und 30. in jedem Monat. In zweiter Linie sind Dienstag und Freitag und die Daten 6., 15., 24. und 9., 18., 27. günstig.

4., 13., 22., 31.

Die Vierer-Personen haben als Hauptplanet Uranus. Sie sind die geborenen Individualisten, Revolutionäre und Reformer mit eigenwilligen Weltanschauungen. Sie gehen auch als Künstler ihre eigenen Wege (z. B. Richard Wagner, * 22. 5. 1813) oder sind richtige Grübler und Problematiker mit schlagfertigem Witz und scharfer Zunge. Diese Menschen sind technisch, sozial – und geisteswissenschaftlich begabt (Psychoanalytiker, Psychiater), aber auch für alle anderen medizinischen und technisch-künstlerischen Berufe geeignet.

Die Vierer streben nach Gerechtigkeit und Sicherheit. Sie sind vertrauenswürdig, lernfreudig und sehr fleißig. Sie lieben die Ruhe und Diskretion, sind loyal, ehrlich und direkt. Ihre Freimütigkeit kann sich manchmal jedoch bis zur Grobheit steigern, wenn sie sich in die Enge getrieben fühlen. Mut, Kühnheit und außergewöhnliche Dickköpfigkeit sind die Werkzeuge ihres Schaffens und Handelns.

Die Vierer eignen sich am besten für selbständige Berufe. Sie sind ehrliche, beispielhafte und sehr organisationsbegabte Angestellte, als Arbeitgeber jedoch oft tyrannisch und unzufrieden mit der Leistung ihrer Untergebenen. Sie besitzen eine bemerkenswerte Konzentrationsfähigkeit, sind vorsichtig, sehr sparsam und haben einen unersättlichen Arbeitsdrang. Sie überlegen ihre Pläne lange und gründlich und gehen dann entschlossen ans Werk.

Bekannte Vierer-Personen: Heinrich Heine (*13. 12.), George Washington (*22. 2.), Rainer Maria Rilke (*4. 12.), Isaac Newton (*4. 1.), Charles de Gaulle (*22. 11.), Louis Armstrong (*4. 7.), Wilhelm v. Siemens (*4. 4.), Henri Matisse (*31. 12.), Georges Simenon (*13. 2.), Peter Frankenfeld (*31. 5.), Salvatore Adamo (*31. 10.), Curd Jürgens (*13. 12.) u. a.

Gute Zeit: Die Vierer-Menschen sollten für die Realisierung ihrer wichtigen Vorhaben in erster Linie den Samstag, in zweiter Linie Sonntag und Montag verwenden. Die günstigen Daten im Monat richten sich nach der Namenszahl, vorausgesetzt, diese weist eine positive Endzahl von 1, 3, 5, 6 oder 9 auf. In zweiter Linie sind auch die Daten 1., 10., 19., 28.; 2., 11., 20., 29. und 7., 16., 25. günstig.

Wenn man etwas Wichtiges vorhat, sollte man als Vierer-Mensch die Achter-Tage (8., 17., 26.) meiden. Hat der Gesamtname der Person den Wert 8, sollte sie ihren Namen unverzüglich ändern!

5., 14., 23.

Hauptplanet der Fünfer-Menschen ist Merkur. Intelligenz, Bewegung, Impulsivität, temperamentvolle Reaktion und spontane Lebensgestaltung sind charakteristisch für diesen Menschentyp. Stets unruhig und unterwegs, liebt er die Freiheit über alles und leidet schwer darunter, wenn Verantwortung und Pflicht seinen Weg versperren.

Die Fünfer-Menschen sind vielseitig begabte Schnelldenker, sinnlich veranlagt, gefühlvoll, romantisch, schlagfertig und mit rascher Auffassungsgabe. Sie haben keine sehr große Ausdauer, und ihre leichte Reizbarkeit verwandelt sich schnell in Zorn, der jedoch rasch wieder vergeht. Sie brauchen Freunde, die geduldig, verständnisvoll und romantisch veranlagt sind.

Der Fünfer ist kontaktfreudig, hat meist sehr viele Bekannte, aber nur wenige wirkliche Freunde, die geduldig seine Stimmungswechsel übersehen und hilfsbereit ihre Hand ausstrecken, um ihm aus der Not zu helfen. Er ist tolerant, gesellig und kaum rachsüchtig. Als geborener Spekulant könnte er Bedeutendes in allen kaufmännischen Berufen leisten (Bankwesen, Börse, Glücksspiele, als Verkäufer, Vertreter, aber auch als Rennfahrer oder Schauspieler).

Berühmte Fünfer sind: Konrad Adenauer (*5. 1.), Albert Schweitzer (*14. 1.), G. F. Händel (*23. 2.), Albert Einstein (*14. 3.), Max Planck (*23. 4.), Dalai Lama (*5. 11.), Wernher v. Braun (*23. 3.), Ingmar Bergman (*14. 7.), Gunter Sachs (*14. 11.), Johannes Heesters (*5. 12.) u. a.

Gute Zeit: Mittwoch als Wochentag und die Daten 5., 14., 23. sind für die Fünfer die besten Tage. In zweiter Linie sind Freitag und die Monatsdaten 6., 15., 24. günstig.

6., 15., 24.

Hauptplanet der Sechser-Personen ist die Venus – Symbol für Schönheit und Liebe.

Der Venusmensch besitzt eine außergewöhnliche Ausstrahlungskraft. Erotik, Religion, Humanität, Mutterschaft, Fürsorge, Heim, Familie und Geborgenheit (Gemütlichkeit) spielen in seinem Leben eine bedeutende Rolle. Er ist ideell, romantisch, liebt alles Schöne im Leben (Blumen, kostbare Einrichtungen, Kleider und Teppiche) und strebt nach Harmonie. Er ist charmant, sensibel, hilfsbereit und spontan großzügig, was skrupellos von manchen Menschen ausgenutzt wird.

Der Sechser-Mensch braucht viel Liebe und Zuneigung, die seine schöpferischen Kräfte zur Entfaltung und zum Ausdruck bringen. Er ist nicht besonders ehrgeizig und zieht es vor, bequem und friedlich zu leben. Manchmal hat er die Neigung, des Guten zuviel zu tun, und diese Maßlosigkeit kann ihm dann gesundheitlich oder gesellschaftlich schaden.

Berühmte Sechser-Personen sind: Galileo Galilei (*15. 2.), Leonardo da Vinci (*15. 4.), Rembrandt (*15. 7.), Sigmund Freud (*6. 5.), Fürst Metternich (*15. 5.), Napoleon I. (*15. 8.), Edvard Grieg (*15. 6.), Emmerich Kalman (*24. 10.), Henri de Toulouse-Lautrec (*24. 11.), Vicki Baum (*24. 1.), Agatha Christie (*15. 9.), Orson Welles (*6. 5.), Neil Diamond (*24. 1.) u. a.

Gute Zeit: Der beste Wochentag der Sechser ist Freitag, die besten Monatsdaten sind der 6., 15., 24. In zweiter Linie sind Dienstag und Donnerstag sowie die Daten 5., 14., 23.; 3., 12., 21., 30. und 9., 18., 27. für wichtige Vorhaben (etwa: Bewerbung, Umzug, Heirat, große Reise usw.) günstig.

7., 16., 25.

Die Siebener-Personen mit ihrem Hauptplaneten Neptun sind die reiselustigsten dieser Welt. Ihre natürliche Neugier, ihre Sehnsucht nach Abenteuer, Abwechslung und Entdeckung macht aus ihnen vielseitig orientierte Menschen. Meist wissen sie viel, sind belesen, bevorzugen kultivierte geistige Genüsse und besitzen neben eigenartigen Gaben einen scharfen Verstand. Bei alldem ist ihr Leben von plötzlichen Veränderungen bestimmt – im Beruf, Wohnort oder Stand. Die Siebener sind wahre Einzelgänger mit ausgesprochenem Hang zur Philosophie und Mystik. Diese ausgeprägte Eigenart macht sie zu Außenseitern, denn ihre Meinung deckt sich nur selten mit der der Menge.

Der Siebener-Mensch ist zwar romantisch, aber immer zurückhaltend, nett und respektvoll. Er hat mit zunehmendem Alter immer größere Mühe, seine Gefühle auszudrücken, und wirkt dadurch etwas schüchtern und kühl.

Reserviert und einsam, mit eigenen Gedanken und Weltproblemen beschäftigt, will er alles selbst sehen und verstehen. Er hat wenig Freunde, zu denen er aber loyal und großzügig ist. Anderen Menschen fühlt er sich gern überlegen und kann nur schwer fremde Meinungen akzeptieren. In seinem Beruf ist er gewissenhaft und nur selten unruhig. Bei alledem bleibt er ein unabhängiger Denker und Analytiker, der ständig auf der Suche nach dem Hintergründigen im Dasein ist.

Die Siebener-Person besitzt eine starke Intuition und einen sehr kritischen Blick, darum ist es sehr schwer, sie zufriedenzustellen. Die Geburtstagszahl 7 bedeutet kaufmännische, künstlerische, pädagogisch-politische Begabung und Interessen für Philosophie, Naturwissenschaften und Religion.

Bekannte Siebener sind: Ludwig van Beethoven (*16. 12.), Charles Dickens (*7. 2.), Karl May (*25. 2.), Arturo Toscanini (*25. 3.), Johannes Brahms (*7. 5.), Josip Broz Tito (*25. 5.), Papst Johannes XXIII. (*25. 11.), Marc Chagall (*7. 7.), Gert Fröbe (*25. 2.), Karl-Heinz Rummenigge (*25. 9.) u. a.

Gute Zeit: Montag und Sonntag sind für die Siebener die besten Wochentage. Günstig sind auch die Monatsdaten 7., 16., 25. und in zweiter Linie 2., 11., 20., 29.

8., 17., 26.

Hauptplanet der Achter-Menschen ist der Saturn. Es sind vielschichtige, tapfere, kompromißlose, gerechte und stark mit sich selbst beschäftigte Personen.

Die Zahl 8 deutet auf Leidenschaft und ein warmes Herz hin, leider wirkt die betreffende Person nach außen oft kalt und distanziert. Sie ist so von Aufgaben und Arbeit überhäuft, daß sie verschlossen und unnahbar erscheint. Außerdem ist sie grob und ungeduldig mit Leuten, die sie nicht interessieren. Sie arbeitet stets mit vollem Einsatz und Hingabe, wobei sie von den anderen die gleiche Leistung erwartet. Selbstkontrolle, Konzentration und große Willenskraft machen sie zu einer starken Persönlichkeit.

Achter-Personen haben keinen leichten Lebensweg, denn diese Zahl ist karmisch belastet (8 = schweres irdisches Karma). Die Wege zum Erfolg sind meist mühsam und mit vielen Kämpfen, Widerwärtigkeiten und Enttäuschungen verbunden.

Wenn die gesamte Konstellation günstig ist, werden sie trotzdem außerordentlich erfolgreich sein, andernfalls jedoch sind sie von Pech und Mißgunst verfolgt (einen Mittelweg gibt es für sie nicht). Andere haben es schwer, die Achter-Personen zu verstehen. An einem Tag können sie liebenswürdig und großzügig sein, am andern abweisend und kalt, in eigene Gedanken versunken. Es ist nicht so, daß sich ihre Gefühle etwa verändert haben – nein, nur ein neues Problem ist aufgetaucht, das sie voll und ganz in Anspruch nimmt.

An diesen Charakterzug muß man sich gewöhnen, wenn man mit einem Achter-Menschen verbunden ist; er ist Ausdruck der Grundbedeutung des Achter-Geburtsdatums: entweder – oder. Hat bei einem Achter-Menschen die Endnamenszahl den Wert 4, sollte der Name unbedingt geändert werden!

Bekannte Achter-Persönlichkeiten sind: Benjamin Franklin (*17. 1.), Victor Hugo (*26. 2.), Sebastian Kneipp (*17. 5.), Charles Gounod (*17. 6.), C. G. Jung (*26. 7.), Anton Dvorák (*8. 9.), Mao Tse-Tung (*26. 12.), Jules Verne (*8. 2.), John Wayne (*26. 5.).

Gute Zeit: Samstag ist der beste Wochentag der Achter-Personen. Die günstigen Daten im Monat richten sich nach der Namenszahl, vorausgesetzt, sie weist eine positive Endzahl von 1, 3, 5, 6 oder 9 auf. Die Daten 4., 13., 22., 31. sollte ein Achter-Mensch für seine wichtigen Vorhaben meiden.

9., 18., 27.

Die Neuner-Menschen mit ihrem Hauptplaneten Mars sind die »Ritter« dieser Welt. Sie sind kämpferisch, tapfer, anständig, opfer- und hilfsbereit, mutig, entschlossen und kraftvoll. Ihre natürliche ethische und seelische Reife macht sie zum Retter der Leidenden.

Die Neuner sind loyal, treu und vor allem human. In der Jugend haben sie meist viele Schwierigkeiten (hauptsächlich in der Familie), und erst im reiferen Alter erzielen sie gute Erfolge. Dabei streben sie nach Selbständigkeit um jeden Preis. Vielseitigkeit und enthusiastische Hingabe sind ihre Attribute. Besonders geeignet sind sie für sozial-humanitäre Berufe, als Beamte bei Militär oder Polizei, aber auch als freischaffende Künstler. Sie zeigen oft ein starkes Interesse für Philosophie und Mystik. Als Handwerker sind diese Menschen wahre Künstler, die Probleme mit Herz, Verstand und viel Intuition zu meistern verstehen. Ihre Energien wachsen mit den Aufgaben, dabei sind sie auch gute Vorbilder für die anderen.

Die Neigung zu Jähzorn, Herrschsucht, Leichtsinn und Taktlosigkeit kann den Neunern im Leben großen Schaden zufügen (wie z. B. Unfälle im Straßenverkehr, am Arbeitsplatz, im Sport oder in der Liebe). Sie sollten Selbstbeherrschung lernen, wenn sie Erfolg erlangen wollen.

Berühmte Neuner-Menschen sind: Wolfgang Amadeus Mozart (*27. 1.), Kaiser Franz Joseph I. (*18. 8.), Kaiser Wilhelm II. (*27. 1.), Paul Klee (*18. 12.), Johannes Kepler (*27. 12.), Leo Tolstoi (*9. 9.), Nikolai Rimski-Korsakow (*18. 3.), Heinrich v. Kleist (*18. 10.), Kurt Tucholsky (*9. 1.), Greta Garbo (*18. 9.).

Gute Zeit: Dienstag ist der beste Wochentag der Neuner-Personen sowie der 9., 18. und 27. in jedem Monat. An zweiter Stelle sind Donnerstag, Freitag und der 3., 12., 21., 30. und 6., 15., 24. (die Zahlen aus der »Linie der Kraft«) für wichtige Vorhaben günstig.

Geburtsmonat

Die Monatszahl drückt die allgemeine Wesensart einer Person aus. Sie ordnet einen Menschen in den Tierkreis ein, und damit bestimmt sie nicht nur seine ganz spezifische Temperamentsrichtung, sondern auch seinen Blickwinkel (Standpunkt) und seine Einschätzung der Außenwelt. Es ist sonnenklar, daß eine »Sechser«-, im Zeichen der Fische geborene Person z. B. nicht identisch mit einem »Sechser« sein kann, der im Zeichen der Waage geboren ist. Außerdem sollte man die Summe von Geburtstags- und Monatszahl nicht außer acht lassen.

Ein Beispiel: Eine Person, die am 30. 8. geboren ist, hat allgemein Märtyrereigenschaften, denn 30 = 3 + 0 = 3 und 3 + 8 = 11.

Als Jahrestag verleiht der 30. August Gutmütigkeit. 3 deutet auf künstlerische und rednerische Begabung, starke soziale und familiäre Gefühle hin. Sie macht den Menschen genau, präzise und sehr pflichtbewußt.

8 ist die Zahl der Gerechtigkeit, der Ausdehnung in alle möglichen Richtungen, was tiefe Erkenntnis bringt, aber auch oft zu Pessimismus und depressiver Niedergeschlagenheit führt. Die 8 bedeutet viel Mühe und gründliche Arbeit, die jedoch zum wirtschaftlichen Erfolg führt. Man neigt dazu, sich mit Arbeit zu überladen, verliert dauernd viel Kraft, und dann, wenn noch mehr von einem gefordert wird – explodiert man ganz gewaltig.

Diese zwei Zahlen, 3 und 8, ergeben zusammen eine 11. Die 11 bedeutet Empfindungen auf einer höheren Ebene als auf der strikt materiellen. Sie ist die perfekte Märtyrerzahl, die für soziale Gerechtigkeit und Ethik kämpft und bereit ist, sich für das Gute, für Familie und Freunde zu opfern.

Selbstverständlich wird so ein Mensch ausgenutzt, und obwohl die Person dies merkt, macht sie weiter, denn sie hat Freude daran, andere glücklich zu machen. 11 ist die Meisterzahl, die Lehrerfähigkeit verleiht und die dem Menschen, in seinem Fachgebiet, zu Meisterleistungen verhilft.

Nun, der einzige Fehler dieser Person, der sie selbst viel Kraft und Anstrengung kostet, ist, daß mehr »ja« und kaum »nein« gesagt wird. Einfach aus Gutmütigkeit und Pflichtbewußtsein.

Man sollte auch darauf achten, ob die Monatszahl mit der Geburtstagszahl harmoniert. (In unserem Beispiel: Die Sympathie der Zahlen zwischen 3 und 8 ist nur mäßig.) Das bedeutet, daß die Person zu kritisch und kaum bereit ist, Kompromisse zu schließen, dies macht sie gereizt und läßt sie gelegentlich kleinlich reagieren. Da sie aber sehr sozial ist, bereut sie bald ihren Ausbruch und versucht, es wiedergutzumachen.

Die Kombination Geburtstagszahl/Monatszahl ist wichtig, um festzustellen, welches die persönlichen Entsprechungen in der Außenwelt (Partner, Land, Wohnort, Beruf usw.) sind. Aus langjähriger Erfahrung kann ich bestätigen, daß es vorteilhaft ist, auch die Tierkreiszeichenharmonie zu beachten, aber der entscheidende, wichtigste Aspekt bleibt doch die Geburtstagszahl und dann die Jahreszahl. Die Geburtstagszahlen müssen sehr gut miteinander harmonieren, und die Jahrdifferenz muß mindestens 3 oder 5, 7, 9, 11 ... usw. sein. In meinem Bekanntenkreis habe ich Freunde, die seit 20 Jahren glücklich zusammenleben. Er ist ein Einer-Mensch, sie ein Zweier. Sie ist 13 Jahre älter als ihr Partner, aber die Harmonie ist so groß, daß man diese Differenz kaum merkt. Dazu kommt, daß sie »Jungfrau« und er im Zeichen des »Stier« geboren ist.

Sympathie der Zahlen

Auf diesem Prinzip ist unser Leben im Kosmos aufgebaut: Im Universum halten sich Sympathie und Antipathie die Waage. Solange dies der Fall ist, bleiben Umwälzungen, Katastrophen oder große Kriege aus.
Die Zahlen stellen Symbole für spezifische Energien dar. Sie ergänzen einander, wenn sie gut oder sehr gut zueinander passen. Unpassende Zahleneinheiten in einer Partnerschaft (geschäftlich oder privat) z. B. führen bald zu unüberwindbaren Spannungen und Auseinandersetzungen, die entweder mit der Resignation eines Partners endet, oder die Parteien gehen für immer auseinander.
Besondere Aufmerksamkeit müßte man den Geburtstagszahlen 4 und 8 schenken. Ihre Partnerschaften richten sich nach ihrer Gesamtnamenszahl, sofern sie eine positive 3, 5, 6 oder 9 aufweist (bei Vierer-Personen auch eine Einer-Namenszahl). Falls diese auch 4 respektive 8 ist, richtet man sich nach der Herzzahl. Ist sie zuletzt auch eine 4 oder 8, gibt es keine mögliche Partner-

schaft. Beruflich sollten die Vierer- und die Achter-Menschen ohnehin selbständige Tätigkeiten ausüben, denn ihre Methoden und Ansichten sind für die meisten fast unbegreiflich, und das stört die Zusammenarbeit.

Die folgende Tabelle präsentiert die Harmonien und Disharmonien zwischen den verschiedenen Energiefrequenzen. Man sollte die Tabelle als den bedeutendsten Bestandteil der Numerologie ansehen.

Geburtstagszahl		sehr gut	gut	mäßig	schlecht
1	mit	2	3, 4	1, 5, 6, 7	8, 9
2	mit	1, 7	3, 5	2, 4, 6	8, 9
3	mit	6, 9	1, 2, 5	3, 7, 8	4
4	mit	2	1, 7	4, 5	3, 6, 8, 9
5	mit	6	1, 2, 3	4, 5, 7	8, 9
6	mit	5, 3, 9	1	2, 6, 8	4, 7
7	mit	2	1, 4	3, 7	5, 6, 8, 9
8	mit	–	3, 5, 6, 9	8	1, 2, 4, 7
9	mit	3, 6	–	2, 9	1, 4, 5, 7, 8

Entsprechungen der Tierkreiszeichen (Partnerschaften)

Widder (21.3.–20.4.): Mars, Feuer, cholerisch. Günstig mit Schütze, Löwe, Wassermann und Zwillinge; weniger günstig mit Krebs und Steinbock.

Stier (21.4.–21.5.): Venus, Erde, phlegmatisch. Günstig mit Jungfrau, Steinbock, Krebs und Fische; weniger günstig mit Löwe, Skorpion und Wassermann.

Zwillinge (22.5.–21.6.): Merkur, Luft, sanguinisch. Günstig mit Waage, Wassermann, Löwe und Widder; weniger günstig mit Jungfrau und Fische.

Krebs (22.6.–22.7.): Mond, Wasser, melancholisch. Günstig mit Skorpion, Fische, Jungfrau und Stier; weniger günstig mit Steinbock, Waage und Widder.

Löwe (23.7.–23.8.): Sonne, Feuer, cholerisch. Günstig mit Schütze, Widder, Waage und Zwillinge; weniger günstig mit Wassermann, Skorpion und Stier.

Jungfrau (24.8.–23.9.): Merkur, Erde, phlegmatisch. Günstig mit Steinbock, Stier, Krebs und Skorpion; weniger günstig mit Zwillinge, Schütze und Fische.

Waage (24.9.–23.10.): Venus, Luft, sanguinisch. Günstig mit Zwillinge, Löwe, Wassermann und Schütze; weniger günstig mit Widder, Steinbock und Krebs.

Skorpion (24.10.–22.11.): Mars, Wasser, melancholisch. Günstig mit Krebs, Fische, Steinbock und Jungfrau; weniger günstig mit Stier, Wassermann und Löwe.

Schütze (23.11.–21.12.): Jupiter, Feuer, cholerisch. Günstig mit Widder, Löwe, Wassermann und Waage; weniger günstig mit Zwillinge, Jungfrau und Fische.

Steinbock (22.12.–20.1.): Saturn, Erde, phlegmatisch. Günstig mit Stier, Jungfrau, Fische und Skorpion; weniger günstig mit Krebs, Waage und Widder.

Wassermann (21.1.–19.2.): Uranus, Luft, sanguinisch. Günstig mit Zwillinge, Waage, Widder und Schütze; weniger günstig mit Löwe, Skorpion und Stier.

Fische (20.2.–20.3.): Neptun, Wasser, melancholisch. Günstig mit Krebs, Skorpion, Stier und Steinbock; weniger günstig mit Jungfrau, Zwillinge und Schütze.

Die 12 Tierkreiszeichen sind auch symbolisch nach den 4 Elementen (Erde, Wasser, Luft und Feuer) der materiellen Welt unterteilt. Jeder Mensch hat die Eigenschaften eines dieser Elemente als Hauptmerkmal in seinem Charakter. Die Intensität dieses Charakterzuges ist jedoch von der gesamten Zahlenkombination abhängig.

Bedeutung der 4 Elemente

Weibliche Prinzipien:
Erde: die Existenz; Sicherung des Lebensnotwendigen (Arbeit, Beruf, Geld)
Wasser: die zwischenmenschlichen Beziehungen; das Symbol fließender Gefühle

Männliche Prinzipien:
Luft: die Auseinandersetzung; Denken, Grübeln, Prüfen der Beziehung zu sich selbst und den anderen
Feuer: die Transzendenz; Phantasie, Kunst, Kreativität, Religion, Inspiration und Esoterik

Jahreszahl

Sie kann viel von der Zukunft des Menschen verraten. Besonders nach dem 35.–36. Lebensjahr tritt ihr Einfluß deutlich in Erscheinung. Bei den Berechnungen sollte man die Jahreszahl nicht auf ihre Grundzahl reduzieren. Zum Beispiel:

20. 11. 1939 = 2+2+22 = 26; 2+6 = 8

2   2   22

Hier muß man die Zahl 22 deuten. Sie besagt, daß die Person ab der 2. Hälfte ihres Lebens zu meisterhaften Leistungen in einem bestimmten Interessengebiet kommen wird.
Will der Leser die Schicksalsjahre seines Lebens berechnen, so muß er zur Jahreszahl der Geburt die Quersumme derselben addieren. Zur Quersumme des so erzielten Resultats werden die Geburtstags- und Monatszahl hinzugerechnet. Zum Beispiel:

Eine Person ist 1939 geboren (am 20. 11.).

                                           ᵛ ᵛ
  1939 (1+9+3+9 = 22)   2 2
+ 22
 1961 (1+9+6+1 = 17)

  17 + 2+2 = 21; 2+1 = 3

1961 steht für die betreffende Person unter dem positiven Einfluß der Zahl 3 (dem Jupiteraspekt). Sie kann in diesem Jahr mit guten Chancen und glückbringenden Ereignissen rechnen. Die 3 bedeutet Aktivität, Gelingen in allen Unternehmungen und im Krankheitsfalle schnellere Rekonvaleszenz.

Das nächste Schicksalsjahr der Person in unserem Beispiel wird weiter auf die gleiche Art berechnet:

  1961 (1+9+6+1 = 17)
+ 17
 1978 (1+9+7+8 = 25)

  25 + 2+2 = 29; 2+9 = 11; 1+1 = 2

Die errechnete Zwischenzahl 11 bedeutet Menschlichkeit, Opfersinn für die anderen und Märtyrertum. Ihre Quersumme ist 2, die Monatszahl, die Unterordnung, Schwäche, Nervosität und Leiden bedeutet. In solch einem Jahr sollte man seine Gesundheit pflegen und große Anstrengungen meiden. Diese Zeitspanne eignet sich kaum für wichtige Unternehmungen, wie Berufswechsel oder Neuanfänge. In diesem Jahr sollte man versuchen, mit sich und der Umwelt in Frieden zu leben.

Man kann auf diese Weise jedes Jahr prüfen, um festzustellen, in welcher Zahl es sich für die Person manifestiert.

Zum Beispiel: Jemand, der am 3. 4. 1950 geboren ist, will wissen, ob das Jahr 1988 für ihn günstig ist. Die Berechnung ist einfach. Zur Geburtstagszahl addiert man die Monatszahl und die entsprechende Summe der Jahreszahl (in unserem Falle 1988). Die Berechnung ist: 3 + 4 + 1 + 9 + 8 + 8 = 33; 3 + 3 = 6.

Das Jahr 1988 steht für die betreffende Person unter dem positiven Einfluß der Zahl 6 – was Liebe, Heim, Geborgenheit, Harmonie und Schönheit bedeutet. Man fühlt sich zu Hause wohl, sucht die Geborgenheit in der Familie, arbeitet vielleicht an der Errichtung eines neuen Heims oder seiner Einrichtung, hat eventuell das Bedürfnis, eine Familie zu gründen, oder geht mit Leidenschaft eine neue Verbindung ein.

Kommen wir noch einmal zurück zu der Zahlenkombination des Papstes. Der volle Name lautet:

$$\underbrace{\begin{matrix}P\,a\,p\,a\\8+1+8+1\end{matrix}}_{18} \quad \underbrace{\begin{matrix}J\,o\,h\,a\,n\,n\,e\,s\\1+7+5+1+5+5+5+3\end{matrix}}_{32} \quad \underbrace{\begin{matrix}P\,a\,u\,l\\8+1+6+3\end{matrix}}_{18} \quad \underbrace{\begin{matrix}II.\\1+1\end{matrix}}_{2}$$

$= 70 = \underline{\underline{7}}$ (HZ 4; PZ 3)

Bürgerlicher Name:

$$\underbrace{\begin{matrix}K\,a\,r\,o\,l\\2+1+2+7+3\end{matrix}}_{15} \quad \underbrace{\begin{matrix}W\,o\,j\,t\,i\,l\,a\\6+7+1+4+1+3+1\end{matrix}}_{23} = 38;\ 3+8 = \underline{\underline{11}}$$

$\text{HZ} = \begin{matrix}a+o+o+i+\ a\\ \cancel{1}+7+7+1+1\end{matrix} = \underline{\underline{17}};\ 1+7 = \underline{\underline{8}}$

$\text{PZ} = \begin{matrix}K+r+\ l+\ w+j+\ t+l\\ 2+\ 2+3+6\ +1+4+3\end{matrix} = 21;\ 2+1 = \underline{\underline{3}}$

Sein Geburtsdatum ist der 18. 5. 1920 = 26 = $\underline{\underline{8}}$
$\underbrace{}_{9}\ \underbrace{}_{5}\ \underbrace{}_{12}$

1978 (= 1+9+7+8 = 25) wurde er zum Papst gewählt.
18+5+25 = 48; 4+8 = 12; 1+2 = $\underline{\underline{3}}$

Das Jahr 1978 stand für den heiligen Vater unter dem Einfluß der 3. Die Persönlichkeitszahl seines bürgerlichen Namens sowie sein Geburtsjahr haben sich zum richtigen Zeitpunkt (1978) positiv ausgewirkt (durch die Jupiterzahl 3).

Deutung der einzelnen Jahrestage

Die nachfolgenden Deutungen, die mit nur einem Begriff versuchen, die allgemeine Tendenz des Tages zu erfassen, sind sehr wichtig; denn meiner Erfahrung nach prägt sich dieser Tagwert in die Persönlichkeit ein, und je nach Konstellation bekommt man sie im Erwachsenenalter deutlich zu spüren. So wurde Napoleon z. B. am 15. August geboren, und dieser Tag hat ihm »Macht und Gewalt« verliehen.

Nun gibt es aber Begriffe, die nicht so eindeutig sind. Beispielsweise heißt es am 17. März »Armut« – diese kann sich im materiellen, geistig-seelischen oder in beider Hinsicht äußern. Die genaue Auswirkung ersieht man aus der gesamten Zahlenkombination. Am 9. März steht die Deutung »Grenze« (begrenzt). Die an diesem Tag geborenen Personen sind meist künstlerisch begabt und vielseitig. Man kann sie kaum begrenzt im Sinne von »dumm« nennen. Allerdings baut die Person selbst um sich eine Grenze (gesellschaftlich oder familiär) als Schutz für ihre Übersensibilität. Nach einiger Zeit merkt sie jedoch, daß sie nicht mehr aus dem selbstgebauten Käfig entfliehen kann.

Erfahrungsgemäß kann ich sagen, daß bei sehr guten persönlichen Zahlen negative Tagesbegriffe kaum an die Oberfläche gelangen werden, wenn aber, dann in stark deformierter Form.

Vor einiger Zeit habe ich einen sehr guten Bekannten (am 9. August geboren) gefragt, warum er andauernd jammert. Ihm geht es in jeder Hinsicht gut. Die Familie ist in Ordnung, keine finanziellen Sorgen, die Geschäfte laufen glänzend … Seine Antwort war überraschend einfach: »Es ist immer schön zu jammern, so wird man kaum beneidet.«

Die nachfolgenden Deutungen sind im wörtlichen wie im übertragenen Sinne zu verstehen.

Januar	**Februar**	**März**
1. Vorteil	1. Umdrehen, Sturz, absetzen	1. Reise
2. Wut	2. Militarismus	2. Nostalgie
3. Innigkeit	3. Termine abschieben	3. Eingebildet
4. Beschützer	4. Abenteuer	4. Fabrik
5. Diplomatie	5. Verwirklichung	5. Rachsüchtig
6. Schutzlos	6. Aufmerksam, fein	6. Edelmut
7. Leidenschaft	7. Meditation	7. Bekanntschaft
8. Abwägend	8. Erfindung	8. Einfältigkeit
9. Apathie	9. Berührung, Kontakt	9. Grenze (begrenzt)
10. Schönheit	10. Unterschätzung	10. Übermüdung
11. Belesenheit	11. Hart, streng	11. Schönheit
12. Vorwärtskommen	12. Beherrschung, Zuversicht	12. Genießen
13. Leiden	13. Hochzielstrebig	13. Distanz
14. Geschickt	14. Anhänglich	14. Sexualkraft
15. Nächstenliebe	15. Ordnung, Erbschaft	15. Mut
16. Kultiviert	16. Sicherheit	16. Voraussicht
17. Bewegungslosigkeit	17. Sensitiv	17. Armut
18. Können	18. Arroganz	18. Schlau
19. Friede	19. Überfluß	19. Ruhe
20. Illusion	20. Materialismus	20. Aufdringlich
21. Kein Selbstvertrauen	21. Erde (Selbständigkeit)	21. Angriffslust
22. Trauer	22. Genuß	22. Habgier
23. Überdruß	23. Sehnsucht	23. Harmonie
24. Handel	24. Erotik	24. Zerstreutheit
25. Angst	25. Weigerung	25. Frustriert
26. Aufgeweckt	26. Mystik	26. Begeisterung
27. Überdenken	27. Aus dem Rahmen fallen	27. Zurückhaltung
28. Gleichgewicht	28. Falschheit, skrupellos	28. Kämpferisch (Militär)
29. Hilfsbereitschaft	29. Chemie	29. Einbildung
30. Konservativ		30. Frechheit
31. Unbedacht		31. Psychologie

April	**Mai**	**Juni**
1. Frühentwicklung	1. Wohlwollend	1. Beunruhigung
2. Siegreich	2. Gewalt, unbeherrscht	2. Sorge
3. Enge	3. Vermittlung	3. Rivalität
4. Lüge	4. Ohne Ausdauer	4. Eifersucht
5. Vergeudung	5. Auswahl	5. Weisheit
6. Präzision	6. Zügler, Bremse	6. Träumerei, unrealistisch
7. Verständnis	7. Wut	7. Verminderung
8. Gier	8. Angenehm, aufmerksam	8. Stolpern, Hindernis
9. Tiefsinn	9. Uneinigkeit	9. Suche (nach Hilfe)
10. Zuversicht	10. Habgier	10. Schlau
11. Laune	11. Widerstandsfähig	11. Instabil
12. Intrige	12. Gefahr	12. Natur
13. Leidenschaft	13. Ängstlich	13. Schwierigkeit
14. Nervosität	14. Gleichgültig	14. Fröhlichkeit
15. Wachsen	15. Pazifismus (friedlich)	15. Wissenschaft
16. Sieg	16. Reichtum	16. Auseinandersetzung
17. Leichtigkeit	17. Ehrgeiz	17. Trauer
18. Anstrengung	18. Unterdrückung	18. Generation
19. Machtkraft	19. Begabung	19. Änderung, wandelbar
20. Aufblühen	20. Grenze	20. Biegsamkeit, Schmiegsamkeit
21. Gefühlsarmut	21. Freundschaft	21. Bewegung, lebhaft
22. Illusionen	22. Gericht	22. Freundlichkeit
23. Sadismus	23. Kunst	23. Tiefdenkend
24. Protektionismus	24. Hilfe, Schutz	24. Beeinflußbarkeit
25. Geschick	25. Engagement	25. Innigkeit
26. Chic	26. Gerechtigkeit	26. Eifersucht
27. Orgie	27. Leichtsinn	27. Extravaganz
28. Geld	28. Leichtgläubig	28. Brutal
29. Witz	29. Profit	29. Ehrlichkeit
30. Verspottung	30. Hilfsbereitschaft	30. Arbeit
	31. Sympathie	

Juli	**August**	**September**
1. Ernte, Keim	1. Einbildung, Stolz	1. Reizbarkeit
2. Hinausschieben	2. Erneuerung	2. Gefräßigkeit
3. Instinkt	3. Versuchung	3. Aktivität
4. Wunder(kind)	4. Zurückhaltung	4. Wendig
5. Entstehung (Schöpfung)	5. Konstant	5. Glück
6. Seßhaftigkeit	6. Routine	6. Arbeitsscheu
7. Gewinnen, Verdienst	7. Stille	7. Vergnügen
8. Unentschlossenheit	8. Undiszipliniert	8. Erfolg
9. Verbrauch	9. Jammern	9. Sicherheit, Schutz
10. Feinheit	10. Genie	10. Hilfsbereitschaft
11. Faulheit	11. Passivität	11. Knechtschaft
12. Standortwechsel	12. Privilegiert	12. Reibung
13. Genieren	13. Konzentration	13. Überfluß
14. Opposition	14. Verwundbarkeit	14. Übertreibung
15. Wechsel	15. Macht, Gewalt	15. Starke Abneigung
16. Unabhängigkeit	16. Widerspiegelung	16. Hindernis
17. Wechselhaft	17. Beharrlichkeit	17. Offensive
18. Mittel, Einnahmequellen	18. Verwaltung	18. Sensibilität
19. Unterordnung	19. Ertrag	19. Unbeweglich
20. Skandale	20. Gemeinschaftssinn	20. Beweglich
21. Nachlässigkeit	21. Bestimmung	21. Philosophie
22. Erfolg	22. Abhängigkeit	22. Störungen
23. Frechheit	23. Genuß, nutznießen	23. Feindschaft
24. Gefahr	24. Lässigkeit	24. Nachsinnen
25. Widerwärtigkeit	25. Erwerb	25. Gefangenschaft
26. Erfahrung	26. Gewinne	26. Eigentum
27. Schlauheit, Scharfsinn	27. Glück	27. Problem
28. Provokation	28. Luxus	28. Last
29. Willenskraft	29. Privat, geheim	29. Unvorsichtigkeit
30. Autorität	30. Gutmütigkeit	30. Niedergeschlagenheit
31. Skurril	31. Ruhepunkt	

Oktober	**November**	**Dezember**
1. Duell	1. Verstellung	1. Angleichung
2. Melancholie	2. Einmaligkeit	2. Management
3. Verspätung	3. Neigung	3. Widerspruch
4. Rückständig	4. Erhabenheit	4. Aufgabe (Arbeit)
5. Trennung	5. Unmäßigkeit	5. Kompetenz
6. Heuchler, Komödiant	6. Fatalismus	6. Wechsel
7. Ausschweifung	7. Güte	7. Verachtung
8. Geist, Gemüt	8. Zweckmäßigkeit	8. Einsamkeit
9. Spott, Unsinn	9. Mangelhaft	9. Okkultismus
10. Krönung	10. Ergebenheit	10. Licht
11. Position	11. Geduld	11. Vereinigung
12. Geistlichkeit	12. Unbeugsamkeit	12. Überlegenheit
13. Verstand	13. Aufgabe (geistige)	13. Risiko
14. Plan, Vorhaben	14. Zerstreutheit	14. Rivalität
15. Beobachtung, Forschung	15. Bescheidenheit	15. Zerbrechlich
16. Überzeugung	16. Überlegenheit	16. Irrtum
17. Schönheit	17. Spekulation	17. Geschicklichkeit
18. Verwegen	18. Beziehung	18. Ernüchterung
19. Lange Lebensdauer	19. Reinheit	19. Ausdauer
20. Gegenwirkung	20. Instruktion	20. Behendigkeit (schnell)
21. Verfügbarkeit	21. Beredsamkeit	21. Energie
22. Exil	22. Nichtigkeit	22. Dualismus
23. Kampf	23. Aggressivität	23. Schwach
24. Stabilität	24. Eigensinn	24. Einsicht
25. Tiefe	25. Schlagfertigkeit	25. Erleuchtung
26. Poetisch	26. Tapferkeit	26. Edelmut
27. Imaginär	27. Nützlichkeit	27. Geradlinigkeit
28. Anpassung	28. Arbeitslosigkeit	28. Opposition
29. Affäre	29. Spiel (Musik)	29. Einschnitt (im Leben)
30. Wachsamkeit	30. Feuer	30. Widrigkeit
31. Erschütterung		31. Prophet

Schicksalszahl (Lebensweg)

Die Quersumme des gesamten Geburtsdatums ergibt die Schicksalszahl (auch Zahl des Lebenswegs genannt). Diese zeigt die menschliche Bestimmung auf Erden an; sie rät jedem, er selbst zu sein, dabei aber auf die Gefahren und Fehler zu achten und sich nicht vor der Verantwortung zu drücken. Die Schicksalszahl enthält das gesamte kosmische Erbe (Karma) des betreffenden Menschen. Ein Beispiel:
Welche Schicksalszahl hat eine Person, die am 3. 3. 1966 geboren ist?

3. 3. 1966 = 3 + 3 + 22 = 28; 2 + 8 = 10; 1 + 0 = 1
       ∨
       22

Die Schicksalszahl lautet 1. Diese Zahl bestimmt die Hauptprüfungen im menschlichen Schicksal in bezug auf Charaktermerkmale, die jetzt, in diesem Leben, bewußt verarbeitet werden sollten.

Die Bedeutung der Schicksalszahl (Lebenswegzahl)

1 – der ehrgeizige Individualist
Die 1 bezeichnet einen stark schöpferischen Menschen, der versuchen wird, seine großartigen und oft ungewöhnlichen Ideen in die Tat umzusetzen. Diese Person ist sehr überzeugend und fähig, in ihrer Bahn auch die anderen zu lenken und zu führen. Führungspositionen sind ihr angemessen. Voraussetzung für dauerhaften Erfolg ist die vollkommene Beherrschung der eigenen

geistigen und physischen Kräfte. In diesem Fall ist es nicht immer leicht, übermäßigen Ehrgeiz und Ungeduld im Rahmen zu halten. Außerdem mangelt es manchmal an Einsicht und Milde beim Umgang mit anderen.
Dieser Mensch sollte Selbstbeherrschung üben und lernen, ohne Beeinträchtigung der eigenen Individualität gut im Kollektiv zusammenzuarbeiten. Bewußte Erziehung des seelischen Potentials erreicht er, wenn er (am besten schon vom Jugendalter an) Yoga, Judo, Karate oder eine andere Disziplin übt, durch die man gezielt positiv eingesetzte Willenskraft, Ethik und Selbstkontrolle entwickeln lernt. Hier lohnt sich eine solide Ausbildung im Beruf, die ein Leben lang erweitert werden sollte. Übermut, Taktlosigkeit und Mangel an Menschenkenntnis können für diese Person verheerende Folgen haben.

2 – *der sanfte Diplomat*
Dies ist der Vereinsmensch, der gern zusammen in und mit einer Gruppe Gleichgesinnter wirkt. In einer Gemeinschaft wird er stets für Ausgleich sorgen, denn er ist gütig, human und äußerst hilfsbereit. Er pflegt mit Hingabe gute freundschaftliche Beziehungen und ist bemüht, alle um sich zufriedenzustellen.
Die 2 als Schicksalszahl deutet auf rücksichtsvolle Anpassung an Menschen und Situationen, auf diplomatisches Handeln und ein edles Gemüt hin. Diese Person ist in der geselligen Gruppe zufrieden. Sie will umsorgen und umsorgt werden. Als Angestellte ist sie wirklich perfekt, denn sie weiß immer, was ihr Vorgesetzter braucht, und paßt sich leicht den gegebenen Umständen an. Familienfeiern oder gesellige Feste, Musik, Lachen, Witze erzählen, gutes Essen und Trinken bringen in ihren oft monotonen Alltag eine hochgeschätzte Abwechslung. Sie kann dabei ihre Qualitäten als Gastgeberin zeigen.
Der Mensch mit der Schicksalszahl 2 ist oft so ängstlich, daß er jedes Risiko fürchtet. Auf diese Weise verpaßt er manche günstige Chance im Leben, was ihm aber kein großes Kopfzerbrechen bereitet.

3 – *der Lebenskünstler*

Dies ist der fröhliche Weg des Künstlers, des Lebenskünstlers. Große physische Anstrengungen und monotone harte Arbeit sind nicht gerade sein Ideal; er wird versuchen, ohne große Mühe ein komfortables Leben zu führen. Er ist gern fröhlich, spielerisch, sportlich, hat Phantasie und starke Vorstellungskraft. Er sollte seine Kunsttalente entwickeln und lernen, konsequenter eigene Pläne zu verwirklichen.

Eine Person mit dem Lebensweg 3 hat mehrmals Glück im Leben, das sie allerdings oft leichtsinnig verspielt. Sie sollte lernen, ihre Impulsivität zu bremsen und ihre finanziellen Angelegenheiten planvoller zu gestalten. Übertriebene Großzügigkeit und unbekümmerte Geldverschwendung bringen sie trotz ihres Glückes in Engpässe. Merkwürdigerweise findet sie aus jeder schlimmen Lage einen Ausweg. Bekannte, Verwandte und unzählige Freunde werden immer dasein, wenn sie Hilfe braucht.

4 – *der exakte Organisator*

Dies ist der durch und durch streng geplante Weg der hohen Verwaltung. Dieser Mensch ist sehr fleißig und harte Arbeit gewöhnt. Er versteht zu sparen, zu planen, zu organisieren und gut durchdachte Ideen zu verwirklichen. Er geht vorsichtig ans Werk und überlegt lange, bevor er etwas Neues beginnt. Dies ist gut so, denn er kann sich kaum Fehler leisten. Der Schicksalsweg 4 ist ziemlich streng, und die Vergehen auf ihm werden hart bestraft. Zum Glück ist diese Person sehr arbeitswillig und ausdauernd – fast wie ein Dynamo – und braucht keine »krummen Touren«, um ans Ziel zu kommen. Gewagte Spekulationen oder große Risiken verabscheut sie sowieso. Fest wie ein Felsen steht sie mit beiden Füßen auf dem Boden der Tatsachen und folgt entschlossen ihrem vorauskalkulierten Weg.

5 – *der reiselustige Abenteurer*

Dies ist der vielseitige Weg des freiheitsliebenden, toleranten Menschen. Er ist offen und stets aufnahmebereit für alles Neue,

Moderne und Fortschrittbringende. Er sammelt seine Erfahrungen hauptsächlich durch Reisen und Kontakte mit verschiedenen Menschen in vielen Ländern der Welt. Er ist gesellig, aber nie oberflächlich. Meist beobachtet man hier eine enorme Anpassungsfähigkeit an Umstände und Menschen. Jedoch gibt es einzelne Fälle, wo Konservatismus und stures Beharren auf eigener Meinung vorherrschen. Dies schafft eine innere Spannung, die auf die Dauer zu schweren Erkrankungen und sogar zu Unfällen führen kann.

Der Mensch mit dem Lebensweg 5 sollte achtsam mit seiner Gesundheit umgehen. Unerwartete Veränderungen in seinem Leben sollte er mit Dankbarkeit hinnehmen, denn sie bringen meist eine geistige Bereicherung. Der Mut zum Wechsel bei präziser Arbeitsleistung bringt ihm gute Erfolge und Ansehen. Er sollte sich rechtzeitig um Sprachkenntnisse bemühen, denn diese garantieren ihm vielseitige Kontakte.

Es ist sehr ratsam, wenn diese Person regelmäßig eine Sportart (keinen Leistungssport) praktiziert, die in der freien Natur ausgeübt werden kann (z. B. Skifahren, Wandern, Radfahren, Rudern, Tennis, Golf, Schwimmen u. ä.).

6 – *der strenge Beichtvater*

Dies ist der Weg des liebenden, hilfsbereiten und selbstlosen Menschen, der für Familie, Freunde und Ideale bis zum Martyrium gehen kann. Er ist immer bestrebt, ein ruhender Pol zu sein, um mit Zureden und guten Ratschlägen disharmonische Verhältnisse zu schlichten und zu beseitigen. Deswegen wird er von seinen Freunden, die Rat und Hilfe benötigen, hoch geschätzt. Allerdings verlangt der Lebensweg 6 nach sehr viel Menschenkenntnis und Toleranz gegenüber Andersdenkenden. Oft geschieht es nämlich, daß diese Person, obwohl loyal und großzügig, unbedingte Erfüllung ihrer Hinweise und Ratschläge von den Mitmenschen verlangt (besonders von der eigenen Familie). Dies läßt sie zeitweise als Diktator und Tyrann erscheinen – gerade das, was sie am wenigsten möchte.

Die Person mit dem Schicksalsweg 6 ist oft künstlerisch begabt, hat gerne ein romantisch eingerichtetes, gemütliches Heim, liebt die Natur, schätzt gutes Essen (was manchmal zu Gesundheitsproblemen führt) und hat in Geldangelegenheiten ziemlich viel Glück (Gewinne und Erbschaften sind möglich).
Die Zahl 6 ist wie eine Waage mit zwei Schalen – ein Symbol für Gerechtigkeit und Streben nach Ausgleich. Äußere Lebensumstände jedoch sorgen manchmal für unerwarteten Wechsel in der schön vorgeplanten Lebensrichtung der Person; dann kippt die eine Schale um, und die 6 verliert ihr Gleichgewicht. Zum Glück sind solche Perioden nicht von allzulanger Dauer – der Mensch bekommt Hilfe von außen und findet sein Gleichgewicht wieder.

7 – *der weise Mystiker*
Dies ist der vielseitige Weg des Esoterikers. Frühzeitig wird man hier mit den Hintergründen des Lebens konfrontiert, die ungewöhnliche Perspektiven und Einsichten verschaffen. Diese Person ist spirituell begabt, sie ist vielleicht sogar hellsichtig und hat telepathische oder mediale Fähigkeiten. 7 ist die Zahl der seelischen Reife, die nach geistiger Entwicklung und Vollendung strebt, indem sie durch Kenntnis und Praktizieren der kosmischen Gesetze Erfahrungen im Leben sammelt. Ein solcher Mensch kann intuitiv eine Situation erfassen und bewerten. Sein seelisches Potential kann sich in verschiedene Dimensionen erstrecken, um Informationen und neue Erkenntnisse zu erhaschen. Bewußte geistige Arbeit, Meditation und soziales Engagement sind die Aufgaben auf dem Lebensweg 7. Ein erlebnisreiches Leben und ungewöhnliche Erfahrungen sind in der Regel gesichert.

8 – *der gerechte Materialist*
Dies ist der starke, intensive Weg des praktischen Menschen. Viele Möglichkeiten und Berufserfahrungen werden hier eingesammelt, ausprobiert und angewandt. Gewöhnlich lebt diese Person bis zum 35. oder 40. Lebensjahr in einer Art Sturm-und-

Drang-Periode. Später wird sie, von vielen praktischen Erkenntnissen bereichert, ihren Erfolg sichern können.

Sie besitzt einen starken Gerechtigkeitssinn und nichts verletzt sie so sehr wie Mißtrauen, Hinterlist und Unehrlichkeit. Vielleicht wird sie gerade deswegen in ihrem Leben oft mit solch unerfreulichen Situationen konfrontiert. Sie muß dann bereit sein, sich geduldig zu rechtfertigen, ihre guten Handlungsgründe zu beweisen, bis die anderen es begriffen haben. Der Mensch mit dem Schicksalsweg 8 wird seinen Wirkungskreis hauptsächlich als selbständiger Unternehmer oder in großen Betrieben sichern können. Durch seinen Arbeitseinsatz wird er stets ein gutes Vorbild für die anderen sein. Er sollte besonders sein Denken kontrollieren, denn Rachegefühle können ihm und den Mitmenschen großen Schaden zufügen. Mit einem Wort, er sollte lernen, totale Toleranz zu praktizieren, auch gegenüber den Ungerechten – das ist eine seiner Hauptaufgaben im Leben.

9 – *der egozentrische Träumer*
Dies ist der humanitäre Weg des gefühlvollen, künstlerischen Menschen. Viele Missionare, Priester, alleinstehende Sozialarbeiter und Künstler (besonders Musiker und Dichter) haben diesen Schicksalsweg. Es ist kein leichter Weg, denn er verlangt von der Person (im Gegensatz zu ihrer Veranlagung) totale Selbstlosigkeit. Man sollte immer liebevoll den Hilfesuchenden dienen, ohne ehrgeizige, selbstsüchtige Gedanken zu pflegen. Schlicht und einfach gesagt: Alles geben und nichts verlangen. Man wird dabei selten von seinen Mitmenschen verstanden, denn die eigenen Ideen und Pläne klingen unrealistisch, egozentrisch, ja sogar unmöglich in den Ohren der anderen.

Diese Person wird viel reisen und mit fremden Völkern, ihren Lebensweisen sowie Religionen konfrontiert. Sie wird sich manche dieser Erfahrungen aneignen, doch sie sollte stets sich selbst treu sein und bleiben; hilfs- und opferbereit, leider auch unverstanden und oft allein mit ihren Träumen …

11 – *der idealistische Märtyrer*
Dies ist der hoch intuitive Weg des verträumten Idealisten. Große Künstler, Medien und Propheten gehen diesen Lebensweg. Dieser Mensch wird sich mit Opferbereitschaft für Ideale, Beruf und Familie einsetzen und für alles, was ihm persönlich erhaben genug erscheint, zu kämpfen und zu leiden bereit sein. Diese Person zieht sich oft für Stunden oder Tage in die Einsamkeit zurück, was ihr ermöglicht, in geistig hohe Dimensionen zu gelangen. Sie sitzt manchmal ganz abwesend da, eingetaucht in eine Welt großartiger Ideen und Visionen. Mit ihren stark intuitiven Empfindungen wird sie versuchen, als geistiger Führer die Massen zur Arbeit an den hohen Idealen zu bewegen.

22 – *der Meister auf der materiellen Ebene*
Dies ist der sehr seltene Schicksalsweg des Könners auf praktischem Gebiet. Dieser Mensch ist meist international engagiert für die Ausführung ungewöhnlicher Ideen, die dem menschlichen Fortschritt dienen. Er ist fähig, die großartigsten Taten zu vollbringen, welche praktikabel und allgemein nützlich sind. Mit seiner stark suggestiven Kraft ist er imstande, die anderen zu überzeugen und sie für die Verwirklichung seiner hochfliegenden Pläne zu gewinnen. Diese Person sollte sich nur positive Ziele setzen, andernfalls kann sie (beispielsweise als Anstifter) großen Schaden anrichten.

Die Schicksalszahl enthält die Hauptaufgaben eines Menschen in seiner jetzigen Inkarnation. Bestimmte Erfahrungen müssen durchlebt und bewußt abgeschlossen werden. Nichterfüllte Aufgaben werden immer wieder in ein neues Leben integriert, bis man sie gemeistert hat.

Der Zahlentyp und seine Entsprechungen in der Außenwelt

> In der Welt der Entscheidungsformen
> hat *jeder* seinen »Verwandten«.
> *Golmyn*

Den hermetischen Prinzipien nach (»Wie oben, so unten« und »Wie außen, so innen«) hat alles, auch wir Menschen, Entsprechungen in der Außenwelt. Diese sogenannten »Verwandten« (Lebewesen, Dinge) ergänzen die Person und stärken sie, vorausgesetzt, sie sucht bewußt deren Nähe, bedient sich ihrer, um von der Ausstrahlung der Heilkraft zu profitieren.
Jede Person hat der Geburtstagszahl nach, wie Sie schon wissen, ein Hauptgestirn als kosmische Entsprechung, bestimmte Monatsdaten und Wochentage als günstige Zeitabschnitte. Weitere Ergänzungen für jeden Zahlentyp sind hauptsächlich in der Vielfalt der Farben, Metalle, Edelsteine, Städte und Länder zu finden. Ohne in Fatalismus oder Aberglauben zu verfallen, sollte man lernen, im Alltag aus eigenen Umweltentsprechungen Nutzen zu ziehen.

Die Farben

In unserem Sonnensystem existiert nichts, das keine Farbe hat und nicht auf die Spektralfarben reagiert. Alles im All ist nach Maß, Zahl, Ton oder Farbe geordnet. Jeder Planet hat seinen spezifischen Farbton (die Erde ist zum Beispiel blau, Jupiter rosarot, violett usw. [siehe Tabelle der Zahlentypen und ihrer Entsprechungen]).

Die Farbfrequenzen jedes Himmelskörpers beeinflussen, je nach ihrer momentanen Position auf der eigenen Laufbahn, die anderen Planeten. Diese Bestrahlung wirkt sich biochemisch auf alles Leben auf Erden aus. Das astrologische Wissensgut ist beispielsweise zum großen Teil auf der Basis der Kenntnisse über die Intensität der Farbstrahlung der Planeten aufgebaut.

Schon die Mayas haben festgestellt, daß der Augenblick der Geburt eines Menschen durch die Wirkung der bunten Strahlenkombination sein Temperament, seine Widerstandskraft, seine Gefühle und Sensibilität bestimmt. Je nachdem, in welchem Winkel die Himmelskörper unseres Sonnensystems zueinander und zu der Erde standen, wo und zu welchem Zeitpunkt ein Mensch geboren wurde, hat das Neugeborene eine bestimmte, differenzierte Dosis an Farbstrahlung und dadurch auch seine Eigenart bekommen. Heute weiß man bereits wieder, daß die starke Kraft der Farbschwingungen die biochemischen Prozesse in uns formt und reguliert.

Die Colortherapeuten haben (neu) entdeckt, daß die Farben als Lichtfrequenzen direkt die endokrinen Drüsen beeinflussen, was seinerseits biochemische Vorgänge im Organismus hervorruft. Diese Auswirkung des Farbenflusses kann positiv oder negativ sein.

Da die Farben, wie alles im Kosmos, nach Zahlen geordnet sind, wäre es natürlich günstig, wenn sie sich gegenseitig harmonisch ergänzen und ohne krasse Farbdifferenzen in ihr Bestimmungsobjekt fließen. Die logische Folge daraus wäre, jede Farbe mit ihrem spezifischen Wirkungspotential bewußt und gezielt als körperliche oder psychische Therapie einzusetzen. Im folgenden werden kurz einige Auswirkungen von Farben beschrieben.

Blau erzeugt Kühle, Gelassenheit, Distanzierung und sogar Pessimismus bei einer Person. Mit fachmännischer Kenntnis eingesetzt, kann sie Darm- und Magenbeschwerden, Ohrenentzündung, Schlaflosigkeit, Bluthochdruck, Husten, Hysterie, Brandwunden, Ischias, Fettleibigkeit, Kropf, Schulter- und Armschmerzen sowie Wirbelsäulenleiden eliminieren. Besonders Hellblau senkt die Körpertemperatur und befreit von Herzklopfen und Migräne.

Grün hat beruhigende und erfrischende, neutrale Kraft. Die Farbe der Natur ist ein Balsam für die Augen. Sie wird mit Erfolg gegen Wetterempfindlichkeit, Schwindel, Durchblutungsstörungen der Arme und Beine und starke Nervosität eingesetzt. Zusammen mit Blau beseitigt sie Schlaflosigkeit und wirkt abkühlend bei Gefühlsausbrüchen.

Gelb besitzt positiv magnetische Sonnenkraft. Die Farbe mit ihrer anregenden Wirkung auf Nerven und Gehirn fördert den Wissensdurst, erleichtert die Aufnahme an Lehrmaterial und beeinflußt die Person positiv. Gelb fand in der Colortherapie bereits Verwendung: Bei Leber- und Gallenfunktionsstörungen, Bronchitis und Anomalien am Pankreas, bei Blähungen und Verstopfungen wird sie eingesetzt. Gelb schützt auch vor Insekten.

Orange ist positiv magnetisch. Die Farbe erzeugt eine angenehme Wärme, die den Menschen anregt und stimuliert. Sie stimmt optimistisch, fröhlich und bewegungsfreudig. Therapeutisch eingesetzt, aktiviert sie die Keimdrüsen und bringt sie ins Gleichgewicht. Bei Ischias, Wechseljahrleiden, Nieren- und Blasenkrankheiten sowie bei Konzentrationsmangel und Vergeßlichkeit wird Orange eingesetzt.

Rot hat positiv magnetische Kraft, die den Körper entgiftet, belebt und stärkt. Sie regt die Nebennierenfunktion an und wärmt den Organismus. Bei Herzschwäche, Rheuma oder Krampfadern setzt man die rote Farbe ein. Allerdings sollten Menschen, die hitzig und jähzornig sind, diese Farbe meiden, weil sie die Kampflust verstärkt, ungeduldig, reizbar und sogar aggressiv macht. Solchen Personen ist zu empfehlen, sich weder Kleider noch Einrichtungen oder Autos in Rot anzuschaffen.

Violett ist eine kühle Farbe, die die intuitiv-schöpferischen Kräfte unterstützt und fördert. Sie stärkt die Abwehrkräfte im Körper. Mit Erfolg wird sie bei Suchtkrankheiten, Schwangerschaftsbeschwerden, Asthma und anderen Leiden eingesetzt.

Unser Körper (und jede andere Materie) zieht je nach Beschaffenheit, Tag und Nacht bestimmte Farben aus dem Lichtspektrum an, die er gleichzeitig teils absorbiert und teils reflektiert. Die Bestrahlung wirkt mehr auf unsere Psyche, als wir ahnen. Sie beeinflußt unsere Stimmung, Gefühle, Aufnahmefähigkeit, Wachsamkeit, Aufmerksamkeit und Reaktionen.
Bedenkt man, daß eine Person mittlerer Körpergröße ungefähr 6 Millionen Nervenendungen in ihrer Hautoberfläche (ca. 1,6 qm) hat, kann man sich annähernd vorstellen, wie äußere Reize der Umwelt auf uns wirken. Die sogenannten Testzellen, die uns die Empfindungen für warm, kalt, naß, trocken und Schmerz vermitteln, sind für Farbschwingungen besonders empfindlich. In jedem Augenblick nehmen sie differenzierte Farbstrahlen auf und leiten sie weiter zu den bestimmten, der Farbe zugeordneten Organen und Drüsen. Stimmt dabei die Farbfrequenz mit dem spezifischen Bedarf der Person überein, können wir mit positiven Ergebnissen rechnen. Im Gegenteil jedoch könnte die Auswirkung katastrophale Folgen haben. Hierzu ein Beispiel: Befindet man sich in einem Zimmer, das mit unpassenden Farben (für die Person) angestrichen oder dekoriert ist, fühlt man sich nach kurzer Zeit unwohl und möchte den Raum verlassen …
Die Farbwirkung ist unauffällig, aber direkt und tiefgreifend. In Großbritannien existiert bereits ein spezialisiertes Krankenhaus, das sich mit Erfolg der Colortherapie und ihrer weiteren Erforschung widmet. Im deutschsprachigen Raum gibt es in manchen anthroposophischen Kliniken oder alternativen Naturheilpraktiken vereinzelt die Colortherapie.

Nehmen wir an, Sie sind ein Zweier-Mensch und arbeiten am Rezeptionsschalter eines Hotels, in welchem das ganze Foyer vor Ihrem Pult mit rotem Teppichboden bedeckt ist. Die rote Farbe reflektiert und zieht zugleich starke Sonnen- und Marsstrahlungen. Tagtäglich werden Sie mehr als acht Stunden dieser Wirkung ausgesetzt, bis Sie völlig mit den Nerven am Ende sind. Vergeblich werden Sie die Gründe Ihrer Reizbarkeit, Nervosität und Ungeduld woanders suchen ... etwa bei den Kollegen oder manchem unangenehmen Gast. Das ist ein großer Irrtum! Hellgelb, Creme, Weiß und alle grünen, jedoch keine dunklen Nuancen sind Ihre Farben. Leider sind diese nicht an Ihrem Arbeitsplatz vertreten. Die rote Strahlung, aufgenommen durch Ihre Augen und Haut, bringt Ihr seelisches Gleichgewicht in Unordnung.

Ein anderes Beispiel: Eine Person ist am 15. Mai 1962 geboren (das Datum ist frei erfunden). Sie ist ein Sechser-Mensch mit dem Hauptplanet Venus. Ihr bester Wochentag, wie Sie schon wissen, ist Freitag und sollte daher alle wichtigen Termine (etwa einen langen Flug, Wohnungswechsel, erstes Rendezvous, einen Gerichtstermin, eine wichtige Konferenz usw.) nach Möglichkeit für diesen Tag reservieren. Noch vorteilhafter wäre es, wenn der Freitag auf ein Sechser-Datum (6., 15. oder 24. eines Monats) fallen würde. Erst in zweiter Linie sind Dienstag und Donnerstag und die Daten 5, 14, 23 und 3, 12, 21, 30 sowie 9, 18, 27 für die Person in Betracht zu ziehen.

Da die Venusfarben (siehe die Tabelle der Zahlentypen und ihrer Entsprechungen) Hell- bis Dunkelblau, Hellrot, Rotorange und Rosa sind, sollte der Mensch versuchen, diese Farben bei Wohnungseinrichtungen, Autofarbe und Kleidung zu verwenden. Auf diese Weise bleibt die entsprechende Venusstrahlung dauernd um Sie, und dadurch wird Ihr ganzes Wesen gestärkt.

Es wäre empfehlenswert, wenn die Eltern die Daten ihrer Kinder überprüfen würden, bevor sie Kinderzimmereinrichtungen (wie Teppiche, Bilder, Übergardinen, Wandfarben, Bettdecken u. a.), aber auch Kleidung und Spielzeug anschaffen.

Die Farben wirken auf das gesamte seelische Potential eines

Lebewesens. Sie können entspannen oder verkrampfen, munter und fröhlich oder schlapp und zerstreut machen. Starke Nervosität, Schlaflosigkeit und Aggressivität könnte man oft eliminieren, wenn der Grund für die vorhandenen Störungen bei der falschen Farbanwendung liegt.

Bleiben wir jedoch bei unserem Beispiel – dem Sechser-Menschen. Die Venuszahl 6 ist Symbol für die Liebe, Schönheit, Harmonie und künstlerische Talente. Die Person wird bestrebt sein, ihre Wohnstätte (oder den Arbeitsplatz) künstlerisch, aber zugleich gemütlich einzurichten. Bei ihr sind das Schlafzimmer und die Küche besonders wichtig, denn Gefühl und Geschmack sind bei diesem Menschentyp sehr ausgeprägt. Daher ist es sehr günstig, wenn er seinen Schlafraum in Rosa oder Hellblau einrichten kann, Pastellfarben, die seine romantischen Gefühle und sein Zärtlichkeitsbedürfnis stimulieren werden. Die Auswahl der Beleuchtung ist in diesem Falle von großer Bedeutung. Sie sollte diskretes, mildes, indirektes Licht spenden.

Eine Sechser-Person ist sensibel und oft verträumt. Aus diesem Grund sollten in ihrer Küche und ihrem Arbeitsraum auch hellrote Farben und Kupfergeschirr vertreten sein, um sie bei der Arbeit aktiv und konzentriert zu halten.

Ein mit der Zahl 6 eng verbundener Mensch liebt die Blumen, Teppiche, das Kerzenlicht und romantische Nostalgiegegenstände wie Stilmöbel, Bilder, Dekorationsminiaturen, Leuchtkörper, Spiegel, Kerzenständer, Geschirr, Stoffe, Kleider u. a., die viele Farbvariationen ermöglichen. Oft sind die Zimmer und Schränke enorm von verschiedensten Sammelobjekten überfüllt, die aber in der Regel kunstvoll arrangiert sind. Geschmack und Fähigkeit zur schöpferischen Gestaltung ersieht man natürlich aus der gesamten Zahlenkonstellation, nicht nur aus der Geburtstagszahl.

Die Sechser-Person liebt die Natur – die Pflanzen wie die Tiere. In ihrem Garten wird sie auch versuchen, schöpferische Ideen zu verwirklichen. Das ewiggrüne Element beruhigt und bringt sie ins Gleichgewicht.

Jedoch sollte sie bei den blühenden Gewächsen ihre Farbentsprechungen berücksichtigen. Bei einer Sechser-Person ist es sehr vorteilhaft, wenn sie auf dem Lande wohnt.

Da die verschiedenen Materialien unterschiedliche Farbstrahlen vom Lichtspektrum an sich ziehen, sollte man stets beachten, welche Farben im Alltag auf einen persönlich dauerhaft wirken. Besonders wichtig sind die Kleidung, die Autofarbe und die Räume, in denen man sich am meisten aufhält. Auf gar keinen Fall sollte man blindlings die Modefarben der Saison verwenden! Zum Glück bietet die Modebranche eine reiche Palette an vielfältigen Farbnuancen an.

Das bisher Gesagte über die Farben und ihre Auswirkungen sollte viel mehr Beachtung bei den verantwortlichen Menschen in der Industrie finden, die für die Herstellung der beschriebenen Produkte zuständig sind.

Die Namenszahl eines Produktes sollte einerseits mit dem Namen der Produktionsstätte harmonieren (Fabrik, Ort, Land respektive deren Namenszahlen), andererseits mit den numerologisch entsprechenden Farbnuancen. Dazu ein Beispiel: Die Alina AG ist ein Betrieb in der Kosmetikbranche (der Name ist frei erfunden).

```
A L I N A      A G    = 11 + 4 = 15 = 1 + 5 = 6
1 3 1 5 1      1 3
   11      +    4
```

Die Venuszahl 6 hat folgende Bedeutung: Schönheit, Heim (Einrichtung, Gemütlichkeit u. a.) und Liebe (Geborgenheit).

Die Firma produziert unter anderem auch Toilettenseife. Eine neue Sorte dieses Artikels wird für den Frühlingsmarkt vorbereitet. Die Produktionsleitung hat sich für den Namen der Seife auf »Flora« geeinigt. Die Gesamtnamenszahl von »Flora« ist 21 – 21 = 2 + 1 = 3. Drei ist also in diesem Fall die farbbestimmende Zahl der neuen Seife. Die Alina AG kann die entsprechende Farbe sowie ihre Verpackung aus der Dreier-Palette von Nuancen wählen. Dies sind: Violett, Lila, Blau, Rosarot und Karmesinrot. Am besten eignet sich dafür eine zarte hellblaue Farbe, die sowohl mit dem Firmen- als auch mit dem Seifennamen harmoniert.

Das neue Produkt wird auf dem Markt Erfolg haben, denn sein Dreier-Name ergänzt sich vollkommen mit dem Sechser-Namen der Firma. Wird die erste Lieferung am 3. März (der auch ein Donnerstag ist) erfolgen, kann man mit dem besten Resultat rechnen.

Den Lesern, die sich über die Farbenlehre oder Heilung durch Farbenkraft noch ausführlicher informieren wollen, möchte ich gern Goethes Werk »Zur Farbenlehre« empfehlen, wo sich der große Dichter und Naturforscher eingehend mit den Farben und der Optik befaßt, sowie das Buch »Color-Therapie« von Heinz Schiegl (siehe Literaturhinweise).

Edelsteine und Metalle

> Die Edelsteine sind die versunkenen Tränen der Götter.
> *Altgriechisch*

Ähnliche Auswirkungen und Bedeutungen für unser Wohlergehen wie die Farben haben die Metalle, Edelsteine und Halbedelsteine. Die Alchimisten in Europa und die ayurvedischen Ärzte in Indien heilen ihre Patienten auch heute noch nach alten Rezepturen durch die Wunderkraft der Edelsteine und Metalle.

Schon seit Jahrtausenden werden die edlen Metalle und Steine als Amulette oder Talismane getragen. Mit gutem Recht. Direkt auf der Haut getragen (heutzutage als Schmuck), wirken sie mit unsichtbaren Kräften auf Körper, Seele und Geist. Genau wie die Farben ziehen diese Mineralien die entsprechenden kosmischen Strahlungen an. Hat der Edelstein oder das Metall Körperkontakt, leitet er diese durch die Haut in den Organismus. Die edlen Metalle und Steine besitzen außerdem die Eigenschaft, kosmische Strahlung zu speichern. Dies bewirkt die Bildung einer starken Aura um das bestimmte Mineral herum, die sich wiederum positiv oder negativ auf den Menschen auswirken kann.

Sind die Metalle und Edelsteine, die wir an oder um uns haben, dem Zahlentyp nach passend, können sie unser ganzes Wesen im Gleichgewicht halten. Hingegen werden unpassende Metallgegenstände und Schmuck aus Edelsteinen sowie Halbedelsteinen Tag und Nacht unharmonische Strahlungen um sich verbreiten und so dem Unwissenden sogar schaden.

Ein Beispiel: Perlen und Korallen gehören eigentlich nicht zu den Edelsteinen, jedoch werden sie viel von Frauen getragen. Die Perle paßt aber nur zu den Zweiern und Siebenern, außer der schwarzen Perle, die für den Achter-Menschen auch günstig ist.

Die rosa oder roten Korallen sollten nur von den Neuner-Personen getragen werden, denn sie ziehen Marskraft an, absorbieren sie und strahlen sie gleichzeitig wieder aus. Dies bedeutet, daß die Perlen und Korallen nicht für alle Personen geeignet sind.

Eine alte Überlieferung besagt: »Die Perlen bringen Tränen« – »... wenn sie dem Typ der Person, die sie trägt, nicht entsprechen«, sagen die Wissenden.

In früheren Zeiten wurden die Edelsteine zur Anfertigung von Kronjuwelen für die Staatsoberhäupter immer nach der kabbalistischen Lehre ausgewählt. Sie wurden dann eingeweiht und beschworen, um dem Besitzer Weisheit, Edelmut und eine starke Hand zum Regieren zu geben. Leider wurden sie im allgemeinen ohne Veränderung an den Nachfolger weitervererbt, obwohl sie überhaupt nicht oder nur zum Teil zu seinem Zahlentyp paßten. Auf diese Weise brachten sie dem späteren Herrscher wenig Glück, wie die Geschichte immer wieder bewiesen hat.

Im folgenden werden einige typische Eigenschaften von Edel- und Halbedelsteinen aufgeführt:

1. Achat

Der Achat bringt Ruhe, Glück und Redegewandtheit. Seine elektromagnetische Ausstrahlung eliminiert erhöhte Körpertemperatur sowie Angstgefühle seines Trägers. In diesem Sinne hat der Stein eine allgemein seelenreinigende Wirkung; zum Beispiel verhindert er Vergiftungen, Epilepsieanfälle, bewahrt vor schweren Folgen des Alkoholismus, und man sagt ihm heilende Wirkung bei verschiedenen Geistesstörungen nach. Da es ihn in vielen Farben gibt (von Milchigweiß bis Schwarz), sollte man sich die persönlich passende Farbe aussuchen.

2. Amethyst

Der Amethyst ist Schutz- und Glücksbringer. Er verleiht Würde, Selbstdisziplin, ein gutes Verständnis für die anderen, ausgeglichene Geisteshaltung und persönliche Freiheit. Der Stein ist ein Symbol für Fruchtbarkeit und ewiges Leben. (Die alten Ägypter schnitzten aus Jade, Karneol, Amethyst oder Türkis ihre Skarabäen.) Bei guter Reinheit und Intensität der Farbe kann er hitzige Wutausbrüche schnell zum Abklingen bringen.

3. Aquamarin

Dieser Stein könnte älteren Menschen besondere Vorteile bringen, weil er das Herz beruhigt, Klarheit der Gedanken fördert und den Frauen mehr Weiblichkeit verleiht. Außerdem reinigt er das Kehlchakra von negativen Gedanken, bringt Erneuerungsdrang und Fortschritt.

4. Bernstein

Er regt zu altruistischem Verhalten an, öffnet das »dritte Auge« (Stirnchakra), stärkt die Emotionalität, wirkt positiv bei Gedächtnis- oder Entscheidungsschwäche und Ängsten. Der Bernstein spiritualisiert den Intellekt.

5. Diamant

Der Diamant fördert die Konzentration, entfernt Nervosität und seelische Blockaden, wirkt stärkend und gedankenformend, reinigt das Kronenchakra, die Meridiane und alle feinstofflichen Körper bis hin zum Mentalkörper. Der Diamant, am Ringfinger getragen, bringt die männlichen Chakrabestandteile ins Gleichgewicht. Er erzeugt eine außergewöhnliche Anziehungskraft für die weiblichen Energien. (Man sollte nie einen Diamanten auf das Kehl- oder Herzchakra auflegen, da die starke Ausstrahlung des Diamanten die körperliche Energie erschöpfen kann.)

6. Goldtopas
Er hat eine sonnenhafte Wirkung, darum fördert er die Freundschaft, die Liebe und die Treue. Wenn er echt ist (man verwechselt ihn sehr oft mit dem gelben Saphir), bringt er Gesundheit, Weisheit, Konzentrationsfähigkeit und Widerstandskraft. Als Venusstein (6) beschützt er seinen Träger vor Brust- und Unterleibsleiden, vor Unfällen jeglicher Art und Schwäche. Er wirkt gut auf die Augen seines Besitzers.

7. Granat
Als Mars- und Neuner-Stein bringt er Mut, Ehre, Kraft, Pioniergeist, Durchsetzungsvermögen, Risikobereitschaft, Vitalität und Kampflust. Im Ayurveda findet er breite Verwendung.

8. Hyazinth
Er heilt Augen, Herzbeschwerden, Wahnvorstellungen, die durch Schwarze Magie entstanden sind. Er hält böse Geister auf Distanz, darum wurde der Hyazinth im Altertum oft für die Anfertigung von Talismanen und Amuletten benutzt.

9. Jade
Jade und alle anderen grünen Steine wie Malachit, Aventurin, Smaragd u. a. wirken beruhigend, bringen Körper, Seele und Geist ins Gleichgewicht und verleihen allgemein Zuversicht und Gelassenheit. Die Chinesen tragen Jade als Schutz vor Ermüdung, als Vorbeugung gegen Nieren- und Gallensteine und glauben daran, daß er das Leben verlängert.

10. Karneol
Der Karneol verleiht ästhetisches Empfinden, Diplomatie, Harmoniestreben, und sein Träger wird stets versuchen, bei einem Streit zu vermitteln. Man sagt dem Stein bei Verdauungsstörungen und Nasenbluten Heilkräfte nach.

11. Korallen

Korallen gleichen die weibliche und männliche Natur auf der spirituellen Ebene aus. Sie bringen den gesamten Charakter ins Gleichgewicht und erhöhen allgemein die Sensitivität des Menschen.

12. Mondstein

Dieser Stein stärkt die Willenskraft, eliminiert Ängste, Unruhe, Streß und Schlaflosigkeit. Im Ayurveda wird er gegen Kopfschmerzen, Blutarmut, bei starken Regelblutungen und zu hohem Blutdruck eingesetzt. Dem Stein werden weibliche Kräfte zugeschrieben. Er macht empfänglich und empfindungsfähig, fördert Hellsichtigkeit und die psychokinetischen Kräfte, öffnet das Unterleibschakra und eliminiert Probleme mit der Mutterfigur.

13. Onyx

Der Onyx ist ein typischer Achter-Stein. Er macht zuverlässig, ehrgeizig und ernst. Der Stein steigert die Arbeitskraft, die Ausdauer und die Zufriedenheit. In vielen Kulturen verehrt man ihn als Glücks- und Gesundheitsbringer.

14. Opal

Früher glaubte man, er bringe Unglück. Heute wird er vermehrt als Schmuck getragen wegen den prachtvollen Farben, die von Hellgelb-Grünlich bis Schwarz reichen und dabei die gesamten Regenbogenfarben umfassen. Man nimmt an, daß der Opal zum Glauben an Gott und sonstigen spirituellen Neigungen verhilft sowie vor Augenleiden bewahrt.

15. Perle

Die Perle bringt Glück, beseitigt die Probleme, die durch den Mond verursacht werden, wie Unruhe, Schlaflosigkeit, Nervosität, Schlafwandeln sowie Geistesstörungen. Sie schenkt dem Träger Seelenfrieden, Nachkommenschaft und finanzielles Wachstum. Man sagt ihr Wunschkraft nach und daß die Wünsche des Besitzers sich erfüllen. Allerdings sollten echte Perlen nur von Zweier-, Siebener- oder die schwarze Perle auch von Achter-Menschen getragen werden.

16. Saphir
Es gibt weiße, gelbe, rosa, blaue und ganz dunkelblaue (beinahe schwarze) Saphire. Der blaue Stein zieht den richtigen Partner an, schützt vor Neid und dem bösen Blick, bewahrt ganz allgemein vor Krankheiten und frühem Tod. Der Saphir bringt Glück, indem er Armut und Leiden beseitigt. Der gelbe Saphir ist, medizinisch gesehen, am wertvollsten. Er heilt Blutkrankheiten und Vergiftungen, hilft gegen Gelbsucht, Gastritis, Husten, Tuberkulose, heilt Tumore und Hämorrhoiden. Außerdem begünstigt er den Handel, darum wird er im Orient von Händlern und Kaufleuten getragen.

17. Smaragd
Der Smaragd hat die Eigenschaft, seelische Blockaden zu beseitigen und dadurch Frieden, Harmonie und Gelassenheit zu bringen. Er steigert den Appetit, vermehrt die Vitalität, verbessert das Aussehen und verleiht der Haut eine gesunde Farbe. Der Edelstein reinigt auch den Organismus von Übersäuerung, beseitigt Neurosen, stärkt die Sehkraft und eliminiert Herz-, Magen- und Kopfschmerzen.

18. Türkis
Dieser Stein fördert die Freiheitsliebe, den Optimismus und die Abenteuerlust. Er unterstützt die Bildung, die Freigebigkeit, das Gerechtigkeitsgefühl und die Religiosität seines Trägers. Der Stein hat die Gabe, negative Gefühle aufzunehmen, die er dann von der Person wegreflektiert, um sie auf diese Weise zu schützen. Der Stein ist so sensibel, daß er seine Farbe verändert, wenn die Person krank wird oder ihr etwas Schlimmes zustoßen sollte. Er verleiht der Persönlichkeit Tiefe und Großzügigkeit.

19. Turmalin
Der Turmalin kommt in den verschiedensten Farben vor. Der

grüne und der schwarze Turmalin sind die schönsten und die effektivsten davon. Der Edelstein besitzt die Fähigkeit, die Lichtwellen anzuziehen und in den Körper seines Trägers weiterzuleiten. Dadurch bringt er den Geist und die Seele ins Gleichgewicht, macht die Person heiter und verjüngt sogar die Körperzellen. Er kann den Verstand schärfen und den Intellekt formen. Im Ayurveda findet der Turmalin breite Verwendung. Leiden wie chronischer Husten, Fieber, Entzündungen jeglicher Art, Gelbsucht, Diabetes, Tuberkulose, Unfruchtbarkeit u.v.a. werden erfolgreich damit behandelt. Dem Türkis und dem Turmalin sagt man Beschützerqualitäten nach. Besonders Reisende sollten diese beiden Steine stets bei sich tragen. Sie sind imstande, Konfliktsituationen diplomatisch zu lösen, und schützen den Träger vor Naturgewalten.

Die Wirkung einzelner Edel- und Halbedelsteine hängt von ihrer Reinheit, Intensität, der jeweiligen Farbe und Größe bzw. dem Gewicht (Karat) ab. Der Diamant darf nicht unter 1,5 Karat und alle anderen sollten nicht weniger als 3 Karat haben. Außerdem sollten die Steine im Kontakt mit der Haut sein und nie in einem Schmuckstück dicht nebeneinander gefaßt sein. In letzter Zeit werden Edelsteine wie Smaragde, Rubine, Saphire oder Topase oft mit Diamanten zusammengesetzt. Dies ist nicht vorteilhaft, denn die Diamanten sind zu hart, und sie können leicht die Wirkung der weicheren Steine stören. Es wäre viel günstiger, wenn man sich einen einzelnen Stein kauft, den man dann nach Wunsch fassen läßt.

Die Edelsteine und Metalle haben die Eigenschaft, Gefühle, Gedanken, Gebete und Beschwörungen zu speichern und zu reflektieren. Besonders diese Menschen, die Familienschmuck erben oder tragen, sollten den eigenen Zahlentyp berücksichtigen. Sind unpassende Steine dabei, sollten sie diese lieber als Kapitalanlage dem Safe anvertrauen oder an die passende Person in der Familie weiterverschenken.

Es ist kein Zufall, daß bei Zeremoniegeräten (wie Monstranzen,

Heiligenfiguren, Altaren, Schalen, Rosenkränzen, Kleidungsstücken u. a.) in allen Religonen der Welt Edelsteine und Edelmetalle reichlich vertreten sind. Manche von diesen Utensilien sind geradezu imprägniert von Gebeten und Gefühlen der Menschen, die durch Jahrhunderte an dem jeweiligen Ort gebetet haben ... Aus diesem Grund sollte sich jeder vor altem, schon getragenem Schmuck in acht nehmen und ihn erst dann anlegen, wenn er gründlich gereinigt worden ist.

Das einfachste Reinigungsverfahren ist, das Juwel mit einer weichen Zahnbürste und Zahnpasta naß zu bürsten und dann reichlich mit Wasser abzuwaschen. Nachdem man es mit einem weichen Tuch abgetrocknet hat, sollte es hinter einem sonnigen Fenster ein bis drei Tage den Wirkungen der Sonnenstrahlen ausgesetzt werden. Dies bewirkt eine schnelle, neue kosmische Auflading. Erst danach kann man den Schmuck ohne Bedenken tragen. Selbstverständlich könnten Sie die Reinigung einem erfahrenen Juwelier überlassen, besonders dann, wenn es sich um Perlen oder Korallen handelt. Gönnen Sie Ihrem Schmuck aber anschließend ein ausreichendes Sonnenbad. (Perlen und Korallen sind keine Edelsteine, und darum ertragen sie nur schlecht Hitze und starke Sonnenbestrahlung, ohne Farbschaden zu nehmen. Wenn man sie über Nacht in ein Meeressalzbad legt, bekommen sie wieder ihren Glanz.)

Die Ausstrahlungskraft der Metalle ist stark und durchdringend, darum könnte man auch die nicht für Schmuck geeigneten Metalle als kleine Kügelchen aus Eisen, Blei, Nickel oder Kupfer einfach in der Tasche tragen. Ihre kräftige Aura wirkt auf den Körper durch die Kleidung und beeinflußt das Gemüt.

Es ist auch sehr günstig, wenn man zu Hause um die eigene »Kuschelecke« oder am Arbeitsplatz entsprechende Metalle in Form von Tischlampen, Kerzenständern, Aschenbechern, Besteck, verschiedenartigen Kunst- und Mobiliargegenständen dauernd um sich hat. Die Metalle stärken, ja vitalisieren unseren Körper und Geist. Man arbeitet konzentrierter, handelt exakter und ausgeglichener bei seinen Unternehmungen.

Allerdings darf man auf keinen Fall mit dem Schmuck übertreiben, denn »des Guten zuviel« schadet. Man dürfte höchstens 7 Stücke gleichzeitig tragen, zum Beispiel 2 Ohrringe, 2 Ringe, 2 Armbänder (oder ein Armband und eine goldene Uhr) und ein Kollier mit Anhängern (es zählt als ein Stück). Und noch eine Regel, der man Beachtung schenken sollte: Tragen Sie nie mehrere Metalle durcheinander am Körper! Die verschiedenen Metalle haben sehr unterschiedliche Schwingungen, die sich gegenseitig stören und dadurch dem Körper sogar schaden können.

Fühlt man sich abgespannt, nervös, müde, niedergeschlagen oder auf irgendeine Art aus dem Gleichgewicht geworfen, sollte man unbedingt den Einfluß seiner Entsprechungen in der Außenwelt überprüfen. Stimmt da etwas nicht, sollten die notwendigen Vorkehrungen getroffen werden, denn das psychische Unwohlsein überträgt sich auf die Dauer auf den Körper und kommt in Form eines Symptoms im entsprechenden Organ zum Ausdruck.

Die moderne Wissenschaft hat längst die Einheit in der Beschaffenheit der Natur bewiesen. Organische und anorganische Verbindungen enthalten die gleichen Materialien. Das heißt, daß die Elemente im Mikro- und Makrokosmos die gleichen sind. Fehlt bei einer Person im Körper zum Beispiel Eisen, wird sie blutarm (Anämie). Brennesselsaft, grüne Salate, Spinat enthalten reichlich Eisen, und wenn diese Speisen von einem Eisenring oder Armband unterstützt werden, kann der erwünschte Effekt noch schneller eintreten.

Aus der folgenden Tabelle können Sie Ihre Entsprechungen (»Verwandte«) in der Außenwelt ersehen. Bei jedem Zahlentyp sind auch die jeweiligen bedrohten Organe und Krankheitsveranlagungen aufgezählt. Verliert ein Mensch, aus welchem psychologischen Grund auch immer, sein Gleichgewicht im Leben, melden sich die entsprechenden Organe als Warnung, damit die Person in ihrem Denken und Tun einen neuen Kurs einschlägt. Nimmt man aber davon keine Notiz, verstärken und stabilisieren sich die Symptome in den Organen, bis es am Ende zu schweren Erkrankungen oder Unfällen kommt.

Tabelle der Zahlentypen und ihrer Entsprechungen

Geburts-tagszahl	1	2	3
Haupt-planet	Sonne	Mond	Jupiter
Wochentag	Sonntag	Montag	Donnerstag
Glücks-tage u. -zahlen	1, 10, 19, 28, 37, 46 ... 4, 13, 22, 31, 49, 58 ... 7, 16, 25, 34, 43, 52 ...	2, 11, 20, 29, 38, 47 ... 7, 16, 25, 34, 43, 52 ... 1, 10, 19, 28, 37, 46 ...	3, 12, 21, 30, 48, 57 ... 6, 15, 24, 33, 42, 51 ... 9, 18, 27, 36, 45, 54 ...
Farben	Rot, Orange, Gelb, Goldbraun, Hellblau	Hellgelb, Creme, Weiß, Grün (außer Dunkelgrün)	Violett, Lila, Purpur, Blau, Rosarot, Karmesin
Edelsteine	Rubin, Goldtopas, gelbl. Diamanten, Bernstein, Tigerauge	Mondstein, Jade, Perle, Smaragd, alle grünen Halbedelsteine	Amethyst, Hyazinth, blauer Onyx und andere violette und bläuliche Steine
Metalle	Gold	Silber	Kupfer, Zinn
Bedrohte Organe und häufige Leiden	Rücken, Rückenmuskulatur, Kreislauf, Herz; Angina pectoris, Vergrößerung von Venen und Arterien, Unfälle	Darm, Magen, Herz; seelische Leiden, Stoffwechsel-, Verdauungsstörungen, Nervosität, Geschwüre, Tumoren	Nerven, Ischias; Erschöpfungszustände, Hautleiden, Neurasthenie, Muskelbeschwerden, Brüche im Oberschenkelbereich
Ton	d	h	g
Berufliche Veranlagungen	Wissenschaftler, Ingenieur, Techniker, Erfinder, Reporter, Kaufmann, Schriftsteller, Kunstmaler, Buchhändler	Naturwissenschaftler, Mediziner, Geschäftsführer, Landwirt, Künstler, Gärtner, Verwaltungsbeamter, Drogist, Chemiker	Kaufmann, Jurist, Künstler, Politiker, Techniker, Musiker, Pilot, Arzt, Dekorateur, Gastwirt, Schauspieler

4	5	6
Uranus	Merkur	Venus
Samstag	Mittwoch	Freitag
Glückstage und -zahlen richten sich nach der Namenszahl	5, 14, 23, 32, 41, 50 … 6, 15, 24, 33, 42, 51 …	6, 15, 24, 33, 42, 51 … 5, 14, 23, 32, 41, 50 … 3, 12, 21, 30, 48, 57 … 9, 18, 27, 36, 45, 54 …
graue, silbrige, braune, glänzende Pastellfarben	hellgraue, gelbe u. orange Farbtöne, Weiß, Blau	Hell-, Dunkelblau, Hellrot, Rosa u. Rotorange
Saphir, Onyx, Opal in den entsprechenden Farben	Brillant, Saphir, Topas, Aquamarin, Achat, Karneol	Türkis, Smaragd, Turmalin, Saphir
Blei, Aluminium	Silber, Platin, Quecksilber	Kupfer
Blase, Niere; Melancholie, Gemütsstörungen, Kopf- und Rückenschmerzen, Bleichsucht, Verletzungen an Kopf, Armen und Beinen	Atmungsorgane, Niere, Galle, Blase, Nerven; Schlaflosigkeit. Empfohlen wird mehr Schlaf und Entspannung.	Erkältungen; bedroht sind die oberen Luftwege, bei Frauen Brust u. Unterleibsorgane, im Alter Kreislauf und Herz
d	e	a
Geisteswissenschaftler, Chirurg, Apotheker, Künstler, Politiker, Mystiker, Offizier, Detektiv, Fotograf, Koch, Architekt	Bank- u. Börsenangestellter, Kaufmann, Richter, Industrieberufe, Arzt, Lehrer, Priester, Physiker, Philosoph, Wissenschaftler, Vertreter	Bildhauer, Maler, Musiker, Schauspieler, Modeschöpfer, Gärtner, Friseur, Architekt, kunstgewerbliche Berufe, Drogist

Geburts-tagszahl	7	8	9
Haupt-planet	Neptun	Saturn	Mars
Wochentag	Sonntag, Montag	Samstag	Dienstag
Glücks-tage u. -zahlen	7, 16, 25, 43, 52 ... 2, 11, 20, 29, 38, 47 ...	Glückstage und -zahlen richten sich nach der Namenszahl	9, 18, 27, 36, 45, 54 ... 3, 12, 21, 30, 48, 57 ... 6, 15, 24, 33, 42, 51 ...
Farben	Grün, Weiß, Braun, Violett und alle Safarifarben	Dunkelgrün, -blau, -braun, Purpur und Schwarz	alle Rottöne, Rosa, Orange, Rotviolett, Rotbraun
Edelsteine	Mondstein, Opal, Perle, Achat und alle grünen Steine	Amethyst, dunkler Saphir, schwarzer Onyx und Diamant, schwarze Perle	Rubin, Granat-korallen, Karneol, alle anderen roten Halbedelsteine
Metalle	Platin, Zinn	Blei	Schmiedeisen, Nickel
Bedrohte Organe und häufige Leiden	Nerven, Blut, Knöchel; Fuß-anomalien. Der Siebener braucht Harmonie und Frieden.	Leber, Galle, Innen- und Aus-scheidungsorga-ne; Leiden der Drüsensysteme, Rheuma, Kopf-schmerzen, Bauchschmerzen	Kiefer, Zähne, Augen, Ohren und Nase; fieb-rige Infektions-krankheiten, Unfälle an Kopf, Armen und Füßen
Ton	h	f	c
Berufliche Veran-lagungen	Wissenschaftler, Pädagoge, Mysti-ker, Richter, Künstler, Schrift-steller, Journalist, Verleger, Politi-ker, Staatsbeam-ter, Reisender, Landwirt	Philosoph, Diplo-mat, Politiker, Jurist, Offizier, Ingenieur, Archi-tekt, Landver-messer, Förster, Unternehmer, Beamter, Detektiv	Erfinder, Bild-hauer, Maler, Forscher, Psy-chologe, Anthro-pologe, Soldat, Polizist, Schrift-steller, Wissen-schaftler, selb-ständige Berufe

Günstige Länder, Wohn- und Urlaubsorte

Bevor ein Ortswechsel vorgenommen wird, sollte man nach Möglichkeit den Namen des neuen Ortes berechnen und mit der eigenen Geburtstagszahl vergleichen. Nur wenn diese harmonieren, kann man sicher sein, die richtige Wahl getroffen zu haben. Noch wichtiger ist es, dieser Regel zu folgen, wenn ein Eigenheim gebaut oder ein neuer Betrieb eröffnet wird.

Auch das Urlaubsziel sollte man auf die gleiche Weise numerologisch überprüfen. Die Städte und Länder sind lebendige Einheiten, deren Schwingungsart vom Menschen intuitiv erspürt wird. Eine fremdartige Atmosphäre (Schwingung) wird meist als unangenehm und sogar bedrückend empfunden.

Folgende Aufstellung von Ländern und Städten sollte dem Leser als Richtlinie für seine Wahl dienen. Das Wichtigste ist, dem Harmonieprinzip der Zahlen zu folgen. Dabei ist auch die Herzzahl eines Landes oder Ortes von Bedeutung, sie gibt Auskunft über dessen innere Struktur und Mentalität. Bei der numerologischen Untersuchung geographischer Namen sollte man nach Möglichkeit jeweils die landesübliche Schreibweise zugrunde legen.

Ein Neuner-Mensch kann zum Beispiel gut in der Schweiz (3) leben und in einem Sechser-Ort wie Greifensee wohnen. Oder er kann in Frankreich (France = 6) leben und in Paris (6) wohnen. Eine Einer-Person würde sich in Australien (4) und speziell in Sydney (1) sehr wohl fühlen usw. Die kleine Tabelle über die Sympathie der Zahlen auf Seite 79 wird Ihnen bei Ihrer Wahl von Nutzen sein.

Die Vierer- und Achter-Personen sollten sich bei der Wahl des geeigneten Ortes nach ihrer Gesamtnamenszahl richten. Ist diese auch 4 bzw. 8, sollte man sich nach seiner Herzzahl orientieren. Ein Vierer-Mensch fühlt sich in Ortschaften mit den Namenszahlen 1, 2 oder 7 sehr wohl. Besteht keine andere Möglichkeit, sollte eine Achter-Person sich nach dem positiven Einfluß der Zahlen 3, 5 und 6 richten.

Zahlentyp (Geburtstagszahl)	Länder	Städte
1	Afghanistan, Birma, Bulgaria, Ecuador, Hongkong, Sudan	Amsterdam, Bonn, La Habana, Leipzig, Luzern, New York, Saarbrücken, Sydney
2	Algerie, Angola, CSFR, Italia, Kuwait, Panama	Frankfurt, Genève, Genua, Innsbruck, Kiel, Lausanne, München, Oslo, Sofia, Zürich
3	Bolivia, Brasil, Cuba, India, Peru, Schweiz	Canberra, Davos, Dublin, Essen, Jena, Melbourne, Milano, Nürnberg, Tokio, Mannheim
4	Australia, Great Britain, Madagaskar, Malta, Nepal, USA	Bangkok, Cannes, Kairo, Köln, London, Malaga, Washington
5	Albania, España, Ethiopia, Kenya, Nicaragua, Paraguay, Rußland bzw. ehem. SSSR	Basel, Bern, Düsseldorf Hamburg, Moskwa, Nice, Rio de Janeiro, Roma

Zahlentyp (Geburtstagszahl)	Länder	Städte
6	Canada, France, Irak, Israel, Libanon, New Zealand, Österreich, Polska	Beograd, Bogota, Budapest, Paris, San Francisco
7	Bundesrepublik Deutschland, Japan, México, Nederland, Senegal, Tunisie, Zambia	Auckland, Bukarest, Helsinki, Las Vegas, Lugano, Lyon, Madrid, Riga
8	Belgique, Gabun, Korea, Libya, Oman, Vietnam	Bombay, Heidelberg, Kassel, Praha, Singapore, Wien
9	Argentina, Iran, Luxemburg, Mali, Monaco, Nigeria, Sri Lanka	Berlin, Dortmund, Mainz, Marseille, Rijad, Teheran, Toronto

Zahlenfiguren

Zu allen Zeiten hatten die Menschen ein starkes Interesse an ihrer Zukunft. Um dem Leben einen angenehmen Verlauf zu sichern, wurden Talismane und Amulette getragen, heilige Zahlenformeln als Schutz in Anspruch genommen, Astrologen und eingeweihte Numerologen konsultiert.

Die sogenannten magischen Zahlenfiguren sind Gruppen arithmetischer Progressionen, die in vielfältigen Formen (Dreiecken, Quadraten, Würfeln, Kreisen und Zahlenpyramiden) angeordnet werden und meist aus alten Überlieferungen stammen. Der Unwissende betrachtet diese Zahlenreihen vielleicht als bloße mathematische Spielereien. In diesen Figuren jedoch steckt verborgenes Wissen, das wir uns zunutze machen sollten. Der Meister kann zum Beispiel aus einem magischen Quadrat Zusammenhänge und Zukunftsprognosen im Leben einer bestimmten Person deuten.

Manche der Zahlenfiguren wurden nach den Planeten benannt. So kennen wir beispielsweise Jupiter-, Mond-, Saturn- oder Marsquadrate. Man trug sein magisches Quadrat als Amulett – graviert auf einem Medaillon oder aufgeschrieben und in einem Beutelchen um den Hals. Für gewöhnlich wurde das Jupiterquadrat als Glücksbringer betrachtet, das Mondquadrat sorgte für gute Ernte und Geschäfte, das Saturnquadrat für Gerechtigkeit usw.

Als Beispiel nehmen wir das Jupiterquadrat. Hier sind die Zahlen 1–16 auf 16 Felder derart verteilt, daß die Summe jeder waagerechten und senkrechten Reihe und der beiden Diagonalen 34 ergibt.

16	3	2	13
5	10	11	8
9	6	7	12
4	15	14	1

Jupiterquadrat

Es gibt Quadrate mit geraden und ungeraden »Wurzeln« (die Zahl in der Mitte) und mit verschiedenen Reihenzahlen, ferner die sogenannten Dreier-, Fünfer-, Siebener-Quadrate usw.
Ein Beispiel:

4	9	2
3	5	7
8	1	6

Dreier-Quadrat
Alle Reihen und Diagonalen ergeben die Summe 15. Die 5 in der Mitte ist eine ungerade »Wurzelzahl«.

Ein anderes Beispiel ist das Vierer-Dreieck. Die beiden Seiten (1–4 und 1–13) sowie die Höhe des Dreiecks (1–11) ergeben die Summe 34, wie beim Jupiterquadrat.
Es können auch Lebensquadrate errechnet werden, um Zukunftsprognosen zu erstellen. Wer von meinen Lesern sich in die Materie vertiefen will, findet am Ende des Buches einige Literaturhinweise.

Vierer-Dreieck

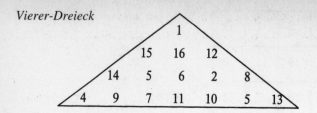

Fünfeck *Sechseck*

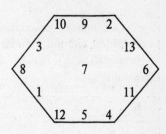

Die Zahlen von 1 bis 10 sind so geordnet, daß jede der 5 Seiten die Summe 14 ergibt.

Die Zahlen von 1 bis 13 sind so geordnet, daß jede der 6 Seiten die Summe 21 ergibt, die mystische Zahl 7 steht in der Mitte.

Alle Religionen bedienen sich bis zum heutigen Tag heiliger Zahlen und Formeln, die meist durch komplizierte Berechnungen aus den heiligen Büchern wie der Bibel, dem Koran, den Veden und anderen Schriften abgeleitet werden. Solche Formeln schützen ihre Besitzer vor Unfällen und Gefahren oder bringen Glück und Gesundheit. Ein interessantes Beispiel dafür ist das islamische Zahlenquadrat. Es wurde aus der Gesamtsumme des Zahlenwertes aller Buchstaben des Korans konstruiert und wird als Amulett benutzt.

Islamisches Zahlenquadrat

2.911.536.642	7.764.097.710	970.512.213
1.941.024.426	3.882.048.855	5.823.073.284
6.793.585.497		4.852.561.068

Bemerkenswert ist, daß in der obersten Reihe die Quersumme jeder einzelnen Zahl eine 3 ergibt, in der 2. Reihe je eine 6 und in der untersten Reihe je eine 9. Die ganze Konstruktion bildet also die »Linie der Kraft« 3, 6, 9. Dieses Quadrat ist ungewöhnlich aufgebaut: Es sieht aus wie ein symbolisches Gebäude mit einem offenen Tor. Die Fundamente links und rechts enthalten die göttliche Zahl 9, das bedeutet: »Baue dein Leben auf Gott und seine gerechten Gesetze!« Die 3 Zahlen im mittleren Feld ergeben je eine 6 – die Zahl der Liebe, der Familie und der Hilfsbereitschaft. Lebt man aufrichtig nach diesen ethischen Normen, erreicht man die Glückseligkeit in der 3. (obersten) Ebene

(Zahl 3). Außerdem ergibt jede horizontale, vertikale und diagonale Ebene eine Endzahl von 9. Die 9 symbolisiert den »unaussprechlichen Namen Gottes« und hat die Bedeutung »Erreichen eines hohen Zieles« oder »Vollbringen«.

Man könnte das Quadrat folgendermaßen interpretieren: »Mit festem Glauben und Liebe zu deinem Nächsten erlangst du das vollkommene Glück!« Das ist die philosophische Bedeutung. Als Amulett soll es seinen Besitzer in allen Situationen des Lebens beschützen und ihm Glück und Erfolg bei seinen Unternehmungen bringen.

Nachwort

Der interessierte Leser wird nach eigenen Berechnungen und Überlegungen manche interessante Deutung, manchen hilf- oder lehrreichen Hinweis finden. Je mehr man die esoterische Denkweise der Numerologie beherrscht, um so fruchtbarer und freudebringender wird die Arbeit mit ihr. Mit der Zeit wird man seine Selbst- und Menschenkenntnis vertiefen und lernen, nicht nur horizontal (statistisch), sondern auch vertikal, d. h. analog, zu denken. Mein innigster Wunsch ist es, daß diese Lehre jeden wirklich suchenden Menschen erreicht und ihm zugute kommt. Das neue Zeitalter des Wassermanns, in dessen Anfängen wir jetzt leben, verlangt nach viel Geistigkeit. Menschen aus allen sozialen Schichten suchen heute mehr denn je nach Kriterien, die frei von Dogmen und Geheimnistuerei die Wirklichkeit erklären, anstatt sie nur äußerlich zu beschreiben. Ihnen allen möchte ich sagen: Die ganze *Wahrheit* war und ist stets gegenwärtig und wird es stets sein, aber nur wer sie sucht, kann sie finden. Leider ist es so, daß es immer Menschen geben wird, die weder »Augen zum Sehen« noch »Ohren zum Hören« haben. Sie werden an ihrer konventionellen Denkweise festhalten und alles Neue und Esoterische ablehnen nach dem Motto: Was man nicht kennt, darf nicht sein!
Es wäre vernünftig, bevor man etwas ablehnt, dieses kritisch zu prüfen und auszuprobieren und sich erst dann zu entscheiden. Finden Sie es nicht unfair, eine Speise abzulehnen, ohne davon gekostet zu haben? Natürlich kann man niemanden zu seinem Glück zwingen. So steht es schon im Johannes-Evangelium: »Das Licht kam in die Finsternis, doch die Finsternis erkannte es nicht« (Joh. 1).

Liebe Leser, stellen Sie sich vor, jedes einzelne Leben ist eine Lochkarte, die mit ihren Zahlenwerten durch den Weltcomputer geht. Durch die Zahlen ist in dieser Karte ein ganzes Lebensprogramm kodifiziert, mit all den Prüfungen, die zu bestehen sind, mit guten oder schlechten Noten! Dies alles zu wissen kann für den bewußten Menschen von großem Nutzen sein. Auf jeden Fall machen ihn schwere Prüfungen reifer, denn die gut gemeisterten und ausgewerteten Probleme wiederholen sich nie wieder im Leben.

Das Streben nach vollkommenem Glück ist eigentlich eine naive Illusion, besonders dann, wenn das Glück nur in der Außenwelt gesucht wird. Jeder, der auf Erden geboren ist, hat ein ganz persönliches Karma auszutragen. Damit dieses durchlebt wird, muß man aktiv und bewußt an seinen Prüfungen arbeiten. *Wie* und *wann* wir unsere Examen ablegen, ist unsere freie Entscheidung.

Jetzt wird vielleicht jemand einwenden: »Wo bleibt denn dann unsere Freiheit, wenn Mensch und Ding schon von Geburt oder Entstehung an vorprogrammiert sind?« Die Antwort auf diese Frage ist für den Esoteriker ziemlich eindeutig. In unserer polaren Welt der Formen muß jeder von uns frei entscheiden, auf *welche Weise* er seine Probleme zu lösen gedenkt, welche Handlungsweisen (positiv oder negativ) er wählen wird, und welche Konsequenzen er aus den Resultaten ziehen wird.

Leider versuchen die meisten Menschen, die Probleme in ihrem Leben zu umgehen, in der falschen Hoffnung, daß diese sich irgendwie von selbst lösen oder von einem anderen erledigt werden. Aber dies ist keine Lösung! Deswegen können wir so viele Mitmenschen beobachten, die stets vor denselben Schwierigkeiten stehen und doch immer den gleichen Fehler begehen ... und dies so lange, sagen die Esoteriker, bis sie die ganze Angelegenheit mit Herz und Verstand selbst in die Hand nehmen und endlich zum Abschluß bringen. Die bewußt ausgewertete Erfahrung ist im Endeffekt das Wichtigste, was uns bleibt und was uns in unserer eigenen geistigen Entwicklung vorwärtskommen läßt.

Das wirkliche Glück kommt von innen – es ist ein seelischer Zustand, nichts anderes. Der tatsächlich glückliche Mensch versucht aufmerksam und geduldig, seine Lebensaufgaben zu meistern. Er weiß zum Beispiel, daß ihm nur bestimmte Veranlagungen zur Verfügung stehen, und ist darum bestrebt, diese bestmöglich zu entwickeln. Solch ein Mensch ist kein Faulenzer, der die Lösung seiner Probleme von den anderen erwartet oder der herumjammert, ohne etwas Entscheidendes selbst zu unternehmen. Er denkt auch nicht daran, seine Umwelt (Freunde, Familie, Kollegen, politische Lage u. a.) für eigene Schwierigkeiten und Mißerfolge verantwortlich zu machen. Statt dessen stellt er sich die Fragen: »Was mache ich falsch, daß mein Ziel unerreichbar bleibt? Was stört meine Kollegen (Nachbarn) an mir, daß sie mich nicht mögen?« usw.

Unbewußte Menschen wissen nichts von der tiefen Bedeutung des Sprichwortes: »Kehre erst vor deiner eigenen Tür!« Dies aber bedeutet: Bevor man sich um die Außenwelt kümmert, sollte man zuerst seinen eigenen Haushalt in Ordnung bringen. Geist, Seele und Körper werden dadurch ins Gleichgewicht gebracht, daß die Aufgaben in allen Lebensbereichen *bewußt* und *gut* erfüllt werden.

Analog zum oben Gesagten gilt: Will man an einer Situation oder einem Zustand in seiner Umwelt etwas ändern, muß man mit dieser Änderung bei sich selbst anfangen. Einen anderen Weg gibt es nicht. Die Erfahrung zeigt, daß die kleinste persönliche »Umprogrammierung« nach dem Widerhallprinzip auch Umwelt und Umstände entsprechend verändert.

Der erste Schritt zum bewußten und erfüllten Leben ist jener der Selbsterkenntnis. Wer sich dessen bewußt ist, kennt genau die eigenen Grenzen, aber auch Möglichkeiten. Derart eingestellt wird man nie versuchen, das zu sein, was man nicht ist, und man erspart sich logischerweise dadurch unnötige Enttäuschungen und Niederlagen.

Betrachten Sie bitte meine Ausführungen in diesem Büchlein nur als einen Anfang im Wissensgebiet der Numerologie. Es ist mir vollkommen bewußt, daß noch viele Fragen offenbleiben. Trotzdem hoffe ich, daß jeder von dieser Lehre Gebrauch machen wird und damit eine tiefere, umfangreichere Welt- und Selbsterkenntnis erreicht.

Literaturhinweise

Dr. Erich Bischoff: Die Mystik und Magie der Zahlen, Ansata Verlag, Schwarzenburg o. J.

Hedwig Brusius: Edelsteine bringen Glück, Ariston Verlag, Genf 1975

Cheiro: Das Buch der Zahlen, Hermann Bauer Verlag, Freiburg i. B., 2. Aufl. 1982

Die Goldenen Verse des *Pythagoras,* Verlag Heilbronn, Darmstadt, 2. Aufl. 1985

Marguerite Haymes: Unitologie, New York o. J.

Astrid und Joachim Knuf: Amulette und Talismane, DuMont Buchverlag, Köln 1984

Konrad von Megenberg: Das Buch der Natur, Nachdruck, Stuttgart 1856

Heinz Schiegl: Color-Therapie, Hermann Bauer Verlag, Freiburg i. B., 2. Aufl. 1982

Dr. Alfred Strauß: Die Weltzahl Pi – Deutsche Cabbala, Ansata Verlag, Schwarzenburg o. J.

Schicksalsdeutung

(4132)   (4168)   (86009)

(4213)   (4244)   (86014)